우리, 다시 사는 길

# 우리, 다시 사는 길

김재록 지음

책읽어주는사람

# 이 책을 읽기 전에 주요 핵심

## 민생을 살리는 국정 혁신 과제 10

### 1 제7공화국의 출발

: 22대 국회는 헌법을 개정해 제7공화국, 새로운 대한민국의 시작을 선언하라. (이원집정부제, 4년 중임의 정·부통령제, 결선투표제, 상·하원 양원제 도입)

### 2 한반도의 영구적 평화

: 한반도와 동북아의 불가역적 평화 체제를 위하여 북미 수교를 적극 지원하라. (북미 수교, 유엔사 해체 및 유엔 한반도평화유지군 창설을 추진한다.)

### 3 글로벌 전쟁과 평화 체제

: 평화는 무기와 외부 지원으로 유지되지 않는다. 항구적 평화 체제를 수립하라.

### 4 균형 잡힌 경제

: 양극화 해소와 지속적 경제 발전을 위하여 벤처·중소기업 육성 정책을 시행하라.

국가 전략 및 민생 밀착 분야를 제외한 공기업을 모두 민영화한다.

## 5 교육 개혁

: 교육부를 즉각 폐지하고 자립 가능한 모든 대학에 전면 자율권을 부여하라. (모든 국립대를 서울대학교로 만들어 대학 서열을 없앤다.)

## 6 검찰 개혁

: 수사권과 기소권을 분리하고, 검찰청을 기소청으로 축소한다.

## 7 국방 혁신

: 의무복무 기간 축소, 모병제 도입, 예비군 제도 혁신을 통해 국방 시스템을 개혁하라.

## 8 양극화 해소

: 저출산, 청년 세대의 실업률 증가, 도시 농촌 격차의 원인인 양극화 해소를 위해 국가의 모든 자원을 집중하라.

양극화로 인한 저출산과 고령화 문제를 해결한다.

## 9 왜곡된 역사의식 반성

: 자주와 독립의 역사를 무시하고 극우와 친일의 관점에서 현대사를 재구성하려는 작태를 즉각 중지하라.

친일반국가 세력의 청산으로 역사를 바로잡는다.

## 10 지역주의의 타파

: 자신의 이익과 영달을 위해 지역감정을 조장하는 정치가를 영구히 퇴출시켜라

민주시민 양성과 균형 발전으로 지역주의를 해소한다.

# 정치의 존재 이유, 민생

지식과 사유와 언어의 빈곤을 혼자 떠드는 장광설로 가리려 하는 대통령을 잘못 만나 한동안 '자유'가 고생하더니 지난 총선을 앞두고부터는 '민생'이 그 고생을 떠안고 산다.

윤석열 대통령은 미국과 일본의 정상과 자주 어울리는 중에 '가치' 수호의 선봉장을 자임하고 '자유'를 외칠 때는 이념이 제일 중요하다고 강조하더니 대내외적으로 별로 호응이 없어서 그런지 그도 시들해졌다. 그런데 마침 총선이 다가오자 국회 과반 의석을 되찾아와 국정을 더욱 마음대로 주무를 욕심에 중립의 의무를 노골적으로 어겨가면서까지 이른바 '민생 투어'에 나섰다. '민생'이라는 이름으로 전국을 갈고 다니며 선심성 공약을 남발했는데, 그 공약 이행에 필요한 예산만 900조 원이 넘는다. 국민들은 진작에 선거용 허풍이라는 걸 알았지만, 그런 공약들에 대한 구체적인 예산안을 마련해야 하는 기재부는 그 불가능성 앞에서 곤혹감을 감추지 못한다. 아니나 다를까, 선거가 끝나자 민생 투어도 끝나고, 투어 중에 남발한 공약들은 어찌 되어가고 있는지 깜깜인 채 대통령은 민생에 아무 관심도 없다. 대통령 임기가 절반이나 남은 지금, 대통령 부부가 '왕 놀이'에 재미 들린 사이에 국정은 동력도 방향도 잃은 채 표류하고 있다. 사실상 무정부 상태다. 이런 상황이니 민생 투어는 국정 보고를 핑계 삼은 명백한 선거 개입이었음을 스스로 증명한 셈이다.

민생(民生)의 사전적 의미는 "일반 국민의 생활과 생계"다. 먹고 사는 일이면서 최소한의 인간적 삶이 민생의 현대적 의미다. 정치가 존재하는 가장 큰 이유는 바로 이 민생을 살리고 북돋는 것이다.

그 옛날 왕조 시대에도 민생이 얼마나 중요한지 설파한 사상가가 있다. 절대 권력자인 왕을 앞혀놓고 "백성이 가장 귀하고, 사직이 다음이며, 군주가 가장 하찮다(民爲貴 社稷次之 君爲輕)"라고 일갈한 맹자다. 맹자는 민생과 인의를 중시했지만, 인의보다는 민생이 먼저임을 천명했다. "민생(생업)이 안정되지 않으면 인간답게 살 수 없기(無恒産 無恒心) 때문"이라고 했다. 오늘날의 의미로는 민생이 안정되지 않으면 민주주의도 위태로워진다. 사회주의나 자본주의를 막론하고 히틀러나 폴 포트 같은 무지막지한 파시즘이 득세하는 것이다. 그래서 민생은 정치의 존재 이유라고 한 것이다.

그러나 안타깝게도 오늘날 우리의 민생은 권력을 다투는 자들이 표를 얻기 위해 써먹는 구호로만 남게 되었다. 심지어 민의를 대변한다는 국회의원들도 민생을 대하는 태도가 선거 전후로 표변한다. 민생은 선거 때만 떠돌다가 사라지는 유령이 되고 말았다. 국민이 민생을 돌보라고 시켜주는 대통령이고 국회의원이고 시장·군수다. 민생을 저버리는 정치와 정치인은 하등의 존재 이유가 없다.

이 책에서 제안하는 국정 혁신 과제도 모두 민생을 살리고 북돋는 방안이다. 제아무리 그럴듯해도 민생에 도움이 되지 않으면 아무 의미가 없다. 민생을 돌봐야 할 대통령이 거꾸로 민생을 파탄 내는 현실을 누가 되돌릴 수 있을까?

바로 나로부터 시작하는 우리 시민이다. 깨어있는 시민 정신이다. 그리고 '민의의 전당'이라는 영광을 입은 국회의 책무가 막중하다. 깨어있는 시민으로서 오랫동안 국정 혁신에 관심을 두고 방안을 궁리해온 나는 국정 혁신에 가장 큰 책임을 진 국회의 역할과 중요성을 거듭 강조하면서 이 책을 내놓는다.

여기 내놓는 제안들이 국정 혁신의 실마리가 되어 조금이나마 민생을 살리는 일에 보탬이 되기를 소망한다. 민생이 살면 민주주의도 산다. 그러므로 민생이야말로 우리가 다시 사는 길이다.

이 책의 서문을 쓸 즈음에 암울하던 우리 사회에 한 줄기 빛과 같은 축복이 내렸다. 한강 작가의 노벨문학상 수상 소식이다. "역사적 트라우마에 맞서고 인간 삶의 연약함을 드러낸 강렬한 시적 산문"이라는 선정 이유에서 보듯이 한강의 작품들은 광주 5·18과 제주 4·3 같은 한국 현대사의 가장 비극적인 상처를 정면으로 보듬고 응시함으로써 인간 보편적 성찰을 획득한 노작이다. 이제 우리 문화는 드라마와 대중가요 그리고 영화의 한류를 넘어 문학의 세계적 지평을 활짝 열어젖혔다. 이 땅에 이런 축복이 이어지기를 소망하고 기도한다.

_ 깊어가는 가을 압구정에서, 묵소 김재록

**차례**

—————— 03 ——————

## 전쟁과 평화, 멀고도 가까운 거리

—————— 04 ——————

## 정치·경제·산업·노동 혁신, 국민의 복리와 행복

—————— 08 ——————

## 친일 반국가 세력, 막장으로 치닫는 역사 전쟁

—————— 09 ——————

## 누가 영 · 호남을 지역주의로 내몰았나

대통령 · 부통령 4년 중임제, 결선투표제, 총리를
원내 제1당 대표의 당연직으로 한 이원집정부제 도입,
의회의 상 · 하원 양원제 도입을 뼈대로 한 개헌을 통해
시대적 요청에 부응하는 제7공화국을 열어야 한다.

01

# 개헌,
# 이제는
# 더 미룰 수 없다

# 윤석열 정부 임기 내에 22대 국회에서 반드시 개헌해야

◆

6·10항쟁으로 쟁취한 87년 체제는 무엇보다 '대통령 임기의 5년 단임'이 권력 구조의 핵심이다. 이승만과 박정희 독재 정권의 종신 집권 획책으로 민주주의를 상실할 뻔한 경험 때문에 장기 집권 거부 의지를 강력하게 반영한 것이다. 우리는 87년 체제로 절차적 민주주의를 이룩했지만, 권력의 형태와 구조부터 과도기적 성격을 탈피하지 못한 데다가 그로부터 40년이 흐르면서 변화한 시대를 반영하지 못하는 부분이 많아져 이제는 개헌을 더 미룰 수 없게 되었다.

대선에 대통령·부통령제, 4년 중임제, 결선투표제 도입.
대통령은 국가 원수로 직접 선출, 총리는 원내 제1당 대표의 당연직으로 한 이원집정부제 도입.

상원 의장은 부통령의 당연직, 하원 의장은 국회 선출로 하는 상하원의 양원제 도입.

행정·입법·사법부를 포괄하는 정부 모든 부처와 기관 세종시 이전….

이러한 이원집정부제 개헌을 가정하면 윤석열 정부는 이미 지난 총선을 통해 사실상 교체되었을 것이다. 현재의 검찰 독재 정국, 친일·반북 및 거부권 남용 정국의 국정 운영은 존재할 수 없다는 의미다.

제7공화국 헌법에는 현재의 극단적인 거대 양당 대결 구도를 허물고 다양한 정치세력이 정책을 다투는 진짜 정치의 실현 방안이 담겨야 한다. 그리고 민주주의와 공정한 시장경제, 양극화 해소 전략과 철학을 바로 담아내야 한다. 대통령에게 과도하게 쏠린 권력을 분산하여 진정한 삼권 분립을 이루고 군부독재를 대신한 검찰 독재가 다시는 발붙이지 못하도록 사법 체계를 혁명적으로 개혁해야 한다. 혁신당 조국 대표가 제안한 "검찰의 독점 기소권 폐지 후 수사·기소 완전 분리와 검찰 항소권의 제한, 사전구속영장제 폐지" 등도 개혁의 좋은 방안이 될 것이다.

윤석열 대통령의 지난 2년은 역설적으로 87년 헌법을 바꿀 명분과 기회를 제공한다. 5년 단임 대통령제가 지닌 '책임지지 않는 국정 운영'의 문제점을 적나라하게 보여주고 있지 않은가. 국정 전반을 거의 파괴 수준으로 망가뜨리고 있는 후안무치한 검찰 독재의 민낯을 지켜보면서도 대통령의 임기가 끝나기만을 하염없이 기다려야 하기 때문이다.

새 헌법에는 우리 국민 누구나 살고 싶어지는 나라, 다른 나라 사람들이 앞다투어 이민 오고 싶어하는 나라를 만들 국가 구조와 가치 체계와 역할이 담겨야 한다. 그러면 저출산 문제는 저절로 해결된다. 이런 구조적인 문제를 놔둔 채 현재 시행하는 거의 모든 저출산 정책은 언 발에 오줌 누기 식의 미봉책일 뿐이다.

22대 국회는 여야 합의로 하루속히 헌법개정특별위원회를 구성하여 개헌에 들어가야 한다. 개헌은 행정수도 세종 이전으로부터 출발을 삼아야 한다. 국회, 대법원, 헌법재판소, 대통령실을 비롯한 정부 모든 부처를 세종시로 옮겨야 한다.

그리고 무엇보다 윤석열 대통령이 국가와 국민을 위한다면 자신의 대통령 임기 1년 단축을 전제로 개헌에 진심을 보여야 한다. 대통령과 국회의원 선거를 동시에 시행하여 임기를 맞춤으로써 국정 시스템을 효율적으로 조정할 수 있는 절호의 기회이기 때문이다. 총선 민심에서 윤석열 정부의 참담한 실패가 확인되자 여당에서마저 개헌 주장이 나오는 건 의미심장하다. 조국 혁신당 대표가 '대통령 중임제 개헌으로 제7 공화국의 문을 열자'고 제안한 데 이어 우원식 국회의장은 헌법개정특위를 설치해 신속하게 개헌을 추진하겠다고 밝혔다. 국민의힘의 적잖은 의원들도 "대통령 임기 단축을 포함한 개헌 논의의 모든 문을 열어놓아야 한다"고 피력했다.

앞서 얘기한 대로 87년 체제의 핵심인 현행 헌법은 진작에 시대적 소명을 다했다. 2007년 1월 당시 노무현 대통령이 '대통령 4년 중임제'의 원 포인트 개헌을 공개 제안한 것도 이런 이유였지만, 국회의 무반응으로 진전이 없었다. 윤석열 대통령의 지난 2년은 역설적으로 87년 헌법을 바꿀 명분과 기회를 제공한다. 5년 단임 대통령제가 지닌 '책임지지 않는 국정 운영'의 문제점을 적나라하게 보여주고 있지 않은가. 국정 전반을 거의 파괴 수준으로 망가뜨리고 있는 후안무치한 검찰 독재의 민낯을 지켜보면서도 대통령의 임기가 끝나기만을 하염없이 기다려야 하기 때문이다.

# 변죽만
# 울리다 만
# 개헌 논의 20년

## 왜 개헌인가

우리 헌법은 1948년 제정 이후 76년이 흐르는 동안 여러 번 개정되었는데, 1972년 박정희 일인 독재를 위한 유신헌법의 발효로 입법부와 사법부의 기능이 마비되고 국민참정권이 심각하게 제한됨으로써 사실상 헌정이 중단되고 말았다. 그로부터 15년 만인 1987년 6월항쟁으로 헌정을 되살리는 제6공화국 헌법이 발효된 이후 37년 동안 개헌 없이 제6공화국 체제가 이어오고 있다.

제6공화국 헌법은 이전까지의 군사독재를 청산하고 절차적 민주화를 출발시킨 민주화운동의 소중한 결과물이다. 하지만 그로부터 한 세대를 지난 40년 가까이 흐른 지금 87년 체제로는 공고한 기득권 구조를 허물지 못해 실질적 민주화를 정착시키지 못하는 한계를 드러냈다. 노동자 시민의 권리가 제대로 보장되는 사회경제적 민주화는 구현되지 못했고, 노동자를 비롯한 시민이 정치 권력의 주체가 되지도 못했다.

국정을 농단한 대통령을 민주적 절차를 거쳐 탄핵하는 등 민주공화국의 위상을 보여주었지만, 결국은 거대 보수 양당 간 정권 교체로 귀결되었을 뿐 정작 촛불 민심이 바라는 정치의 진보와 선진화로는 나아가지 못했다.

오늘날 거대 보수 양당의 극단적 대립이 부른 검찰 정권으로 인한 정치의 실종은 심각한 사회경제적 위기와 기후 위기 그리고 외교 안보 위기를 초래하고 있다. 이런 정치적 재난은 다 제6공화국 체제에서 비롯된 것이다. 이 정치체제를 진작에 바꾸어야 했지만, 정치적 이해득실의 셈법에 발목이 잡혀 아직 개헌 일정조차 제시하지 못하고 있다.

개헌의 필요성은 국회와 언론 일각에서 진작부터 제기되어 왔지만, 지금까지의 개헌 제안은 '대통령 4년 중임제' 등 부분적인 권력 구조 개편에 그칠 뿐 기득권은 그대로 유지하는 차원이어서 개헌의 의미를 살리지 못하고 있다. 대통령 임기 규정만 바꿔서는 우리 사회가 안고 있는 차별과 혐오, 불평등, 전쟁 위기, 기후 위기 등 근본적이고 복합적인 위기를 해결할 수 없다. 무엇보다 시민에게 투표권을 제외하고는 기득권 정치를 실질적으로 견제할 장치가 없는 현재의 정치 구조를 바꾸지 않는 한 개헌은 별 의미가 없다.

## 제자리를 겉도는 개헌 논의

현행 헌법은 1987년 6·10항쟁의 산물이다. 1972년 10월 유신헌법 이후 국민참정권이 박탈된 체육관 거수기 선거와 장기 독재에 대한 국민적 반감이 대통령 선출을 간선제에서 직선제로, 임기를 7년에서 5년으로 바꾼 요인이다.

개헌의 필요성에는 정치권과 각계각층의 의견이 일치했지만, 구체적인 일정과 내용을 정하는 데에는 갑론을박으로 일관하다가 번번이 무산되고 말았다. 개헌을 국가 백년대계가 아니라 눈앞의 정략적 이해관계로 인식하고 접근했기 때문이다. 언제든지 말로는 개헌의 필요성을 외치면서도 막상 개헌 의견이 나오면 정계 개편이나 국면 전환을 위한 음모론으로 몰아붙이면서 논의 자체를 차단해버린 채 '폭탄 돌리기'를 해온 것이다.

1987년 당시 국민 정서와 정파 간 이해관계가 맞물리면서 개헌이 이뤄진 탓에 현행 헌법은 노태우 정부 출범 때부터 논란이 끊이지 않았다. 대통령 임기(5년)와 국회의원 임기(4년)가 불일치한 데서 오는 소모적인 정쟁과 사회경제적 후진성이 가장 큰 문제로 꼽혔다. 또 단임제여서 차기 권력이 등장하는 대통령 임기 절반 이후부터는 조기 레임덕 현상이 일어나고, 정치권의 이합집산과 공직 사회의 도덕적 해이 등 온갖 부작용이 동시다발적으로 발생하면서 국정 운영이 조기에 난맥상을 보였다.

그래서 개헌의 필요성에는 정치권과 각계각층의 의견이 일치했지만, 구체적인 일정과 내용을 정하는 데에는 갑론을박으로 일관하다가 번번이 무산되고 말았다. 개헌을 국가 백년대계가 아니라 눈앞의 정략적 이해관계로 인식하고 접근했기 때문이다. 언제든지 말로는 개헌의 필요성을 외치면서도 막상 개헌 의견이 나오면 정계 개편이나 국면 전환을 위한 음모론으로 몰아붙이면서 논의 자체를 차단해 버린 채 '폭탄 돌리기'를 해온 것이다.

# 87년 체제
# 넘어
# 제7공화국으로

## 헌법의 역사

우리 헌법은 첫 단추(제헌헌법)부터 잘못 끼워졌다.

1948년 5·10 총선으로 구성된 초대 국회는 임기 시작과 동시에 헌법 제정 작업에 들어갔다. 국회헌법기초위원회가 10여 차례에 걸친 치열한 격론 끝에 선택한 초안(草案)은 정부 형태는 의원내각제, 국회 구성은 양원제였다. 고심 끝에 이 초안을 제안한 유진오 박사의 배경 설명은 충분한 이유가 있었다.

"세계 각국의 추세를 보면 의원내각제는 군소정당이 다수 분립하고 있는 국가에서는 다수 정당의 동요와 끊임없는 이합집산 때문에 정부가 안정되지 못하는 것과 같은 폐해는 있으나, 이는 정부와 국회와의 연락을 긴밀히 하고 또 정부와 국회가 대립하였을 때 비교적 간단하게 이를 해결할 수 있다는 점에서 미국식 삼권분립제도보다 장점이 있으므로 저자 등의 초안은 정부의 불안정을 내심으로 우려하면서도 부득이 의원내각제를 채택하지 않으면 안 되었다."

**어떤 정부 형태가 더 바람직한지는 논란이 있겠지만, 민주적 절차에 따라 정해진 초안을 "협박과 강압으로 폐기하고 (권력욕에 눈이 먼) 개인의 독선을 관철한 잘못된 선택으로 불행한 헌정이 시작"된 것이다. 오늘날 국민의힘이 '제왕적 대통령제'의 폐해를 신랄하게 비판하면서 그 원인을 제공한 이승만을 국부로 추앙하는 것은 자기기만이자 후안무치의 극치다.**

그러나 당시 국회의장 이승만은 이 초안이 국회에 상정되기 직전에 완강하게 반대했다. 이승만은 정부 형태를 국회 간접선거의 대통령제로 하고 국회를 단원제로 구성할 것을 고집했다. 결국, 미 군정을 등에 업은 이승만의 뜻대로 되고 말았다. 어떤 정부 형태가 더 바람직한지는 논란이 있겠지만, 민주적 절차에 따라 정해진 초안을 "협박과 강압으로 폐기하고 (권력욕에 눈이 먼) 개인의 독선을 관철한 잘못된 선택으로 불행한 헌정이 시작"된 것이다. 오늘날 국민의힘이 '제왕적 대통령제'의 폐해를 신랄하게 비판하면서 그 원인 제공자이자 역대 가장 제왕적 대통령으로 군림한 이승만을 국부로 추앙하는 것은 자기기만이자 후안무치의 극치다.

이는 우리 헌정 흑역사의 서막에 불과했다. 헌법을 수호해야 할 대통령인 이승만은 아무렇지도 않게 국회와 헌법을 유린했다. 1949년에는 국회 특위로 법에 따라 설치되어 활동을 개시한 반민특위를 공권력을 동원해 와해시켰다. 오늘날 친일반역세력이 기승을 부리는 배경이다. 1952년 부산정치파동(총선 패배로 인해 연임 길이 막히자 야당 국회의원들을 감금한 채 대통령 국민 직선제와 국회 양원제를 채택한 발췌개헌 감행)에 이어 1954에는 사사오입개헌(대통령의 3연임을 금지한 조항을 삭제하고 초대 대통령에 한해 연임 제한을 철폐)이라는 전대미문의 헌정 파괴 기록을 남겼다. 1960년 이승만 정권이 자행한 3·15 부정선거는 헌정 파괴의 절정이었다.

1960년 4·19 민주혁명으로 독재 정권을 몰아내고 내각제 개헌을 통해 제2공화국 정부가 들어섰다. 하지만 그것도 잠시, 5·16 군사 반란으로 권력을 찬탈한 박정희가 4년 중임의 대통령제 개헌을 통해 제3공화국을 출범시켰다. 1969년 박정희는 '3선 개헌'을 통해 집권 연장의 길을 트고, 1972년에는 사실상 헌정을 중단시킨 유신헌법으로 아예 종신 집권의 길을 텄다.

1971년 대선에서 김대중 후보가 "이번에 정권 교체에 실패할 경우, 박정희가 영구 집권을 위해 총통제를 시행할 것이며, 계획에 대해 확실한 증거를 가지고 있다"고 주장하며 지지를 호소했는데, 결국 그 예언대로 되고 말았다.

1979년 박정희가 유신 폭정 끝에 총살당한 10·26 직후 재빠르게 상황을 장악한 전두환이 12·12 군사반란으로 권력을 찬탈하여 1981년 대통령의 체육관 간선제는 그대로 두고 임기만 7년 단임제로 바꾸는 개헌을 통해 제5공화국, 실상은 전두환-노태우 공동 군사정권을 등장시켰다. 이에 전두환 임기 내내 대통령 국민 직선제를 뼈대로 하는 민주화 요구가 봇물로 터졌다. 정권의 탄압은 1987년 4·3 호헌 선언에서 절정을 이루었지만, 6·10 항쟁이라는 노도를 만나 결국 6·29 항서를 써야 했다. 이로써 대통령 직선제를 비롯하여 헌정이 복원되는 개헌이 이루어지면서 절차적 민주화 시대를 맞게 되었다. 바로 제6공화국을 출범시킨 87년 체제의 시작이다.

그러나 졸속으로 타협된 개헌을 통해 탄생한 변종 대통령제의 폐해는 금세 드러났다. 대통령의 초월적 권력 남용에 대한 제어장치가 미약한 나머지 의회와의 갈등 요소가 잠재했고, 5년 단임제로 인한 정치적 무책임과 비효율성이 도드라졌다. 또 국회의원 소선거구제로 인해 다당제가 활성화되지 못하고 국회를 독과점한 거대 양당이 극단적으로 대립하는 상황이 오래 이어졌다.

이에 개헌 논의가 나올 때마다 대통령에게 과도하게 집중된 권력 분산 문제가 가장 뜨거운 현안으로 거론되었다.

현대 민주주의 국가의 정부 형태는 영국이나 독일식 의원내각제, 프랑스식 이원집정부제, 4년 중임의 미국식 대통령제 등이 대표적이다. 현재 우리 국민이 가장 선호하는 정부 형태는 4년 중임의 대통령제이지만, 권한을 지금보다 대폭 축소하고 권력 행사의 절차적 통제를 강화해야 한다는 의견이 지배적이다.

이런 의견을 통틀어서 보면 대통령제의 폐해를 최소화하는 동시에 의원내각제의 정국 불안 요소를 보완한 이원집정부제가 오늘날 우리나라에 바람직한 제도로 판단된다. 그렇다면 프랑스식 이원집정부제를 우리 정치 환경에 맞게 개선하여 채택하는 방법을 생각할 수 있다.

## 87년 체제를 넘어

2024년 9월 29일, 윤석열 대통령의 국정 브리핑은 어안이 벙벙하도록 기이했다. 현재 자신의 실정으로 인해 벌어지는 심각한 국가 위기와 민생 도탄은 전혀 모르쇠로 일관한 채, 자기만 아는 치적과 자유 타령만 장황하게 늘어놓으며 비판 여론을 적대시하고 국민을 나무라는 적반하장의 모습을 보자니 달나라에 살다가 막 도착한 사람 같았다. 이런 대통령을 5년이나 인내하자니 억장이 무너지고 삶이 무너지는 건 국민이다.

윤 대통령이 임기를 무사히 마치면 다음 대선 일자는 2027년 3월 3일이다. 하지만 사퇴 또는 탄핵 등의 사유로 궐위 시에는 60일 이내에 후임자를 선출해야 한다. 문제는 후임자가 전임자의 잔여 임기만 채우는 것이 아니라 임기 5년의 새 대통령이라는 것이다. 2017년 박근혜 대통령 탄핵 때도 그랬다. 문재인 대통령 당선인은 정권 인수 기간 없이 선거

이튿날 곧바로 취임식을 하고 대통령 직무를 시작해야 했다.

**제일 좋은 방법은 윤석열 대통령 임기 중에 먼저 이원집정부제 개헌을 시행하고 윤석열 대통령 임기를 1년 단축하는 일정으로 새 헌법에 따라 2026년 4~6월에 전국동시지방선거와 같이 대선을 치르는 것이다.**

대통령 직선제로 바뀐 1987년 6공화국 헌법은 '부통령의 대통령직 승계'나 '대통령 궐위 시 후임자의 전임자 잔여 임기 재임' 제도는 도입하지 않아서 대통령 궐위 시 대통령 선거 주기가 바뀌는 치명적 결함을 안고 있다. 이 문제를 어떻게 해결해야 할까?

제일 좋은 방법은 앞서 말했듯이 윤석열 대통령 임기 중에 먼저 이원집정부제 개헌을 시행하고 윤석열 대통령 임기를 1년 단축하는 일정으로 새 헌법에 따라 2026년 4~6월에 전국동시지방선거와 같이 대선을 치르는 것이다.

이때 대통령 선거 4년 주기가 흔들리지 않도록 제도를 설계하는 것이 중요하다. 정·부통령제 도입으로 대통령 궐위 시 부통령이 남은 임기만 채우도록 하는 것이다. 더불어 의회는 양원제를 도입하고 미국처럼 대통령직 승계권을 가진 부통령이 상원 의장을 맡도록 하는 것이 합리적일 것이다.

아직 늦지 않았다. 윤석열 대통령이 구국의 결단으로 개헌을 제의하면 국회에서 여야가 개헌특위를 구성해 개헌안을 만들면 된다. 역대 국회의장들이 주도해서 만든 이원집정부제를 비롯한 분권형 대통령제 개헌안이 다양하게 준비되어 있으니 말이다.

알고 보면 과거 우리 헌법에도 그와 비슷한 장치가 있었다. 1948년 제정된 제헌헌법에는 부통령제가 있어서 "대통령이 사고로 인하여 직무를 수행할 수 없을 때는 부통령이 그 권한을 대행하고 대통령, 부통령 모두 사고로 인하여 그 직무를 수행할 수 없을 때는 국무총리가 그 권한을 대행"하도록 규정하고 있다. 대통령과 부통령은 국회에서 무기명 투표로써 각각 선거하고, 대통령과 부통령의 임기는 4년으로 하되 재선에 따라 1차 중임할 수 있으며, 부통령은 대통령 재임 중 재임한다는 것이 제헌헌법의 뼈대였다. 대통령 또는 부통령 궐위 시에는 즉시 그 후임자를 선거하도록 하고 부통령은 대통령직을 승계할 수 없었다. 부통령은 대통령이 사고로 직무를 수행할 수 없을 때 일시적으로 권한을 대행하는 역할에 그쳤다.

87년 체제에서 탈피하기 위해 개헌할 때 여야 모두 개헌의 내용에 지나치게 욕심을 부려서는 안 된다. 여야가 합의할 수 있는 선에서 최소한으로 개헌한다는 자세로 협의에 임해야 한다. 아무리 잘한다 한들 개헌으로 모든 문제를 일거에 해결할 수 있다는 착각은 아예 하지 않는 것이 개헌에 성공하는 지름길이다.

이런 절차와 내용을 통한 개헌은 국민뿐 아니라 윤석열 대통령과 정치권에도 엄청난 이익이다. 취임 이후 내내 지지율이 20~30%대에서 바닥을 기는 윤석열 대통령은 임기 말 추락을 피하는 가장 큰 수혜를 입을뿐더러 제7공화국을 열어젖힌 대통령으로 기록되는 역사적 영광을 안게 된다.

이재명 민주당 대표 역시 2022년 대선 때 "제왕적 대통령제를 끝내겠다"며 대통령 임기 4년 중임제 도입, 여야 합의로 대통령 임기 1년 단축, 균형 발전과 자치분권 강화, 국무회의 심의 기능과 국무총리 정책조정 기능 활성화, 국무총리 국회 추천제 도입 등을 공약했다. 현행 제도에서 이원집정부제에 한 걸음 더 가까이 다가선 공약이다.

# 22대 국회와
# 윤석열 정부의
# 시대적 책무

◆

이제 정치는 민주화 시대를 지나 국민의 행복한 삶을 가꾸고 지키는 것이 제일의 책무인 시대가 되었다. 민주주의는 끝도 완성도 없어 끊임없이 쟁취해야 누릴 수 있는 축복이다. 6·10 민주항쟁으로 쟁취한 87년 개정 헌법은 그 시대적 소명을 다했으니 우리는 개헌을 통해 새로운 시대 정신에 부합하는 민주주의를 구현해야 한다. 변화한 시대적 요청에 따라 결선 투표제를 포함한 4년 중임의 대통령 직선제, 분권형 대통령제, 상하원 양원제 채택을 뼈대로 하는 개헌을 이번 22대 국회에서 반드시 이뤄내야 한다.

**윤석열 대통령은 무지하고 무도한 독불장군의 고집을 꺾고 그동안의 실정에 대해 용서를 구하는 태도로 임기 1**

**년 단축을 각오하고 민심에 부응하여 즉각 국민이 원하는 개헌에 나서야 할 것이다. 그렇다면 그것 하나만으로도 윤석열 대통령은 열 가지 허물을 덮을 수 있을 것이다.**

윤석열 대통령과 정부 여당이 검찰 독재로 정치를 파괴하는 행위와 극우 유튜버에 의지한 비판 여론 적대 기조를 멈추지 않는다면 탄핵을 자초하게 될 것이다. 국민의 인내심에도 한계가 있다. 그러니 윤석열 대통령은 무지하고 무도한 독불장군의 고집을 꺾고 그동안의 실정에 대해 용서를 구하는 태도로 임기 1년 단축을 각오하고 민심에 부응하여 즉각 국민이 원하는 개헌에 나서야 할 것이다.

그렇다면 그것 하나만으로도 윤석열 대통령은 열 가지 허물을 덮을 수 있을 것이다. 어쩌면 그동안 저질러온 숱한 직권 남용 범죄를 사면받을 수도 있다. 그동안 그 누구도 해내지 못한 대단한 치적이 될 것이니 말이다.

개헌에 관한 한 윤석열 정부뿐 아니라 22대 국회의 책무도 그 어느 때보다 막중하다. 지난 2년여간 입법부를 무시하고 독선적인 국정 운영을 펼쳐온 윤석열 정권에 대한 민의의 심판으로 구성된 22대 국회이므로 무엇보다 퇴행한 정치를 제대로 바꾸라는 국민의 명령을 받은 것이다. 대통령 거부권에 막혀 국회 다수의 동의를 얻고도 폐기된 입법 과제는 당면한 현안으로 우선해서 처리하여 반드시 발효시켜야 하겠지만, 개헌 역시 더 미룰 수 없는 긴급한 시대의 요청이다.

덧붙이자면, 윤석열 대통령은 "국민만 보고 가겠다"고 하면서도 60%가 넘는 국민의 지지를 받는 법안들에 대해 거부 사유도 제시하지 못한 채 줄줄이 거부권을 행사하고도 태연하다. 그 법안들을 지지하는 절대다수의 국민은 윤 대통령이 말하는 그 국민이 아니란 말인가? 우리 국민의 60%가 개헌을 요구하고 있다. 이 국민의 요청에 즉각 응해야 "국민만 보고 가겠다"는 대통령의 진정한 태도가 아니겠는가.

# 새 헌법에
# 담을 미래
# 100년의 비전

◆

이번 개헌에서 새 헌법에 반드시 담아야 할 몇 가지 핵심 제도가 있다. 먼저 앞에서도 거듭 강조한 분권형 대통령제 채택이다.

그리고 검찰 권력의 구조 개편도 반드시 포함해야 한다. 검찰청을 기소청으로 축소(수사권과 기소권의 완전 분리)하고 4대 권력기관이 전횡을 일삼지 못하도록 뚜렷한 권한 분산과 통제 장치를 마련해야 한다. 검찰의 기소권과 국가수사본부의 수사권 역시 독점주의를 해체하고 적소에 분산하여 전문성을 높이고 균형을 이루도록 해야 한다. 예를 들면, 고위공직자범죄수사처에도 일부 기소권을 부여하고, 감사원을 국회로 이관하여 수사권을 부여하는 것이다.

현행 정부 조직은 대통령실을 포함한 행정부를 감사해야 할 감사원이 대통령 직속기구에 속해 있어 감사 기능을 제대로 발휘할 수 없는 구조다. 이는 삼권 분립의 헌법정신에도 어긋난다. 그러니 감사원을 국정감사의 고유 임무가 주어진 국회로 이관하는 것이 시급하다.

　　현행 정부 조직은 대통령실을 포함한 행정부를 감사해야 할 감사원이 대통령 직속기구에 속해 있어 감사 기능을 제대로 발휘할 수 없는 구조다. 이는 삼권 분립의 헌법정신에도 어긋난다. 그러니 감사원을 국정감사의 고유 임무가 주어진 국회로 이관하는 것이 시급하다. 또 개헌에서 공직 임기 제한 강화도 빼놓을 수 없다. 임명직은 단임, 선출직은 2회(국회의원은 3회)로 임기를 제한하는 것이 바람직하다.

　　고인 물은 썩게 마련이다. 국정 고위직과 국회를 비롯한 선출직 공직은 막강한 권력이 따르는 자리다. 물뿐만 아니라 권력도 고이면 썩어서 잿밥에 눈이 멀게 되어 있다. 정치와 국정이 건강한 생태계를 유지하려면 활발한 물갈이가 필요하다. 인간 사회도 자연의 순환 체계를 따르면 탈이 없다.

# 제7공화국 개정 헌법을 위한 제안

1. A. 4년 중임의 정·부통령제를 포함한 이원집정부제를 채택한다. 정·부통령이 러닝메이트로 출마하되 과반 득표자가 없으면 결선투표를 실시한다.

B. 대통령은 외교·안보·국방을 총괄하고 국정 최고 통치권자로서 대외적으로 국가를 대표한다.

C. 국회 구성은 상·하원 양원제를 채택한다. 하원의장은 하원에서 선출하고, 상원의장은 부통령이 당연직으로 한다. 국회 하원 재적 의원은 300명, 상원 재적 인원은 100명으로 하고 전국 시도별 광역 지역구 의원 및 비례대표 의원(정당 득표 비율에 따라 선출)으로 구성한다. 단, 상원은 22대 국회 헌법특위에서 논의하되 차기(23대) 국회부터 임기를 시작할 수 있도록 한다.

D. 정부 산하기관장을 비롯한 고위 임명직의 임기는 4년 단임, 선출직의 임기는 4년 2회(국회의원은 4년 3회)로 제한한다.

2. 내각은 총리가 통할하는데, 총리는 국회 제1당 대표의 당연직으로 한다. 총리는 대내적으로 정부를 공식 대표하며 내정을 통할하고 각부 장·차관과 공공기관장을 임명한다. 총선에서 과

반 의석을 확보한 정당이 없으면 제1당을 중심으로 과반수의 연합정부를 구성한다.

3. A. 대통령 집무실은 청와대에, 부통령 집무실은 청와대 행정동과 국회(상원 의장실)에 두고 총리와 각부 장관의 집무실은 행정수도 세종시에 둔다. 국회·대법원·헌법재판소·중앙선관위를 비롯한 주요 국가기관과 정부 내각 부처는 행정수도 세종시에 둔다.

B. 대통령은 공식으로 국가원수와 국군 최고통수권자의 권한과 직책을 부여받아 외교·안보·국방에 관한 국정을 담당한다. 단, 외교·안보 라인의 수장인 국정원장·외교부장관·국방부장관의 임명은 내각 총리의 소관으로 한다.

C. 대통령은 국회의 제청을 받아 대법원장, 헌법재판소장, 중앙선거관리위원장을 임명한다.

D. 대통령 직속기구로 국가개혁·외교·안보·경제·국방위원회를 설치하고 위원장(부총리)은 대통령이 임명한다.

E. 국가안보비상대책위원회는 대통령이 위원장을 겸하고 부통령과 총리 및 국가개혁·외교·안보·경제·국방위원장으로 위원을 구성한다.

F. 감사원은 국회로 이관하여 국회의 감사 기능과 조화를 이뤄 시너지 효과를 낸다(국회 청문회를 상설화하여 국정감사 기능을 강화한다).

4. 중앙정부와 광역 및 시군구 자치단체 산하의 모든 공기업(국가재난방송을 담당하는 KBS 라디오를 제외한 방송·통신사 포함)을 순차적으로 민영화한다(민영화는 글로벌 방송 육성 철학이 반영될 지배구조 및 절차와 형식에 따라야 한다).

5. A. 전국의 모든 국공립대학을 국립 서울대학교로 통합하고 '지역 캠퍼스'로만 구분한다.
B. 국공립대학교(국립 서울대학교로 통합)는 모든 학생의 학비를 전액 무료로 하고 소득계층에 따라 생활비를 지원한다.
C. 교육부를 폐지하고 학생 선발과 학사 관리를 전적으로 대학 자율에 맡긴다. 다만, 대학의 입학 및 졸업 제도(학기제)를 폐지하고 학사 일정과 과정을 폭넓게 개방하여 소정의 학점 이수만으로 선택 학과 학사 과정을 수료하도록 한다.
D. 대학으로 들어가는 관문의 턱은 낮추되 모든 학과목의 학점 취득 요건을 크게 강화하여 대학에서 나오는 문은 어렵게 만듦

으로써 기회의 문은 넓히고 학생들의 학문 성취도 및 변별력은 높인다. 이는 입시 경쟁을 효과적으로 완화하는 유력한 방안이기도 하다.

E. 어린이집, 유치원, 초·중·고등학교 운영 및 학사 관리는 현재의 각 광역시도지자체 교육청을 교육위원회로 개편하여 실시한다.

6. 검찰 개혁은 시대의 소명이다. 수사권과 기소권을 분리하여 검찰청을 기소청으로 축소한다. 검찰의 기소 독점주의와 사전 구속영장제를 폐지하고, 검찰의 항소권은 제한한다.

북미 수교가 되면 정전협정을 평화협정으로 돌리는 일은
저절로 따라온다. 게다가 북미 수교는 북일 수교로
이어질 것이다. 그러면 북핵 문제도 어렵잖게 풀리고
한반도를 비롯한 동북아에 항구적인 평화체제를 구축할
최상의 환경이 마련된다.

02

# 평화로 가는 길,
# 북미 수교와
# 평화협정

# 노태우 정부의 북방 정책, 실용 외교의 신호탄

## 동북아 정세, 위기 아니면 기회

동북아의 국제 정세는 멀리 고조선 시대부터 요동쳤다. 한반도와 중국 그리고 일본 열도를 중심으로 한 동북아 국가들이 본격적으로 조응한 역사는 한반도에 고구려·백제·신라가 정립하기 시작하면서부터 생생하게 기록되었다. 중국의 왕조가 명멸하고 이합집산할 때마다 국제 정세가 요동쳤고, 일본 열도의 권력 변동은 한반도에 직접적인 영향을 미쳤다. 이런 동아시아 정세에 서구 세력이 본격적으로 간섭하기 시작한 것은 1840년 영국이 청나라를 상대로 일으킨 아편전쟁부터다. 1852년에는 미국이 함대를 보내 쇄국의 일본 열도를 강제로 개방시켰다. 이후 조선에도 서구 열강이 잇달아 함대를 보내 개방을 요구했다. 조선은 끝내 쇄국을 고집하다가 실력을 키울 기회를 놓쳐 전 국토를 제국주의 열강 침탈의 각축장으로 내주고 급기야는 그들끼리 일으킨 전쟁으로 폐허가 되는 참상을 지켜보아야 했다.

결국, 속성으로 제국주의 열강의 군비를 갖춘 일본에 국권을 침탈당해 식민지 백성으로 살다가 해방을 맞았지만, 미국의 입김에 운명을 맡겨야 하는 처지가 되었다.

**오늘날 미·중·러·일은 '실리 외교'로 태세를 전환하여 북한에 새로운 접근을 시도하는 것으로 보인다. 특히 우크라이나-러시아 전쟁 이후 러시아가 극동에서의 지정학적 위치에 새삼 주목하기 시작하면서 북한의 가치가 치솟는 가운데 미국은 패권 약화에 대한 우려와 중국에 대한 견제 심리로 (11월의 미 대선 이후에) 북한과의 관계 개선에 나설 것이다.**

1950년 한국전쟁 이후 동북아는 미국 중심의 해양 세력과 중국·러시아 중심의 대륙 세력이 세력 균형을 이룬 가운데 남북한은 적대적인 공생 관계를 유지하는 가운데 오늘에 이른다. 남북은 팽팽하게 대치해 왔지만, 세력 균형이라는 국제현상 덕분에 남한은 안보 위협에도 불구하고 평화를 지켜내면서 산업화와 민주화 시대를 거쳐 선진화 시대로 나아갈 수 있었다.

오늘날 동북아 정세는 또 요동치고 있다. 윤석열 정부만 '영원한 한미일 동맹'의 달콤한 꿈속에 빠진 사이에 각국이 첨예한 이해관계에 따라 수면의 위아래에서 활발하게 움직인다. 국제 관계는 철저하게 자국의 국익에 따른다. 가치나 의리는 한낱 포장일 뿐 국익 앞에서는 헌신짝이다. 그래서 국제 관계에서는 영원한 친구도 영원한 적도 없다고 한 것이다. 내일이면 친구로 삼아야 할지도 모를 상대를 오늘 확실히 적으로 돌리는 외교는 바보나 하는 짓이다. 그런 외교에는 내일이 없다. 미래가 없다는 얘기다. 세상 그 무엇도 영원한 것은 없다.

2023년 7월에 러시아 국방부 장관이 평양을 방문한 데 이어 9월에 김정은 위원장이 러시아를 방문하여 푸틴 대통령과 회담함으로써 북러 관계가 더욱 밀착되었다. 2024년 6월 푸틴 대통령이 중국을 방문하여 시진핑 주석과 회담한 데 이어 평양을 답방했다.

특히 주목할 대목은 일본의 행보다. 2024년 4월의 미일 정상회담에서 기시다 총리는 북·일 정상회담 개최에 대한 지지를 끌어냈다. 기시다 총리가 퇴임하게 되어서 평양 방문은 성사되지 않았지만, 그런 의도를 갖고 북일 정상회담을 추진했다는 것 자체가 의미심장하다. 미국 대통령도 분위기만 무르익으면 언제든 평양을 방문할 의향이 있는 것으로 전해진다.

이처럼 동북아 정세가 급하게 돌아가자 다급해진 중국은 2024년 4월에 전국인민대표대회 상무위원장(권력서열 3위)을 평양에 파견하여 김정은 위원장을 면담한 끝에 "북·중 관계의 새로운 장을 열겠다"는 김정은 위원장의 확답을 받아냈다. 그러자 평양을 중심으로 동북아 국제정세가 재편되는 것 아니냐는 추측까지 나온다.

오늘날 미·중·러·일은 '실리 외교'로 태세를 전환하여 북한에 새로운 접근을 시도하는 것으로 보인다. 특히 우크라이나-러시아 전쟁 이후 러시아가 극동에서의 지정학적 위치에 새삼 주목하기 시작하면서 북한의 가치가 치솟는 가운데 미국은 패권 약화에 대한 우려와 중국에 대한 견제 심리로 (11월의 미 대선 이후에) 북한과의 관계 개선에 나설 것이다.

이런 가운데 나 홀로 '가치 외교'를 외치는 윤석열 정부의 외교안보 전략은 1950년대 냉전 시대로 회귀한 것으로 보인다. 한반도 문제의 당사자가 자기 문제에서 왕따를 자처하는 모양새다. 미국과 일본의 정상들이 자기들끼리 뒤에서 얼마나 비웃을까, 생각하니 국민의 한 사람으로 참담한 심정이다.

'한미일 동맹'에 스스로 옭아 매인 윤석열 정부의 중국·러시아에 대한 적대 정책은 노태우 정부부터 추진하기 시작해 상당한 진전을 이룬 북방 정책의 성과를 모두 무산시키고 우리 현실을 과거 냉전 시대로 돌려놓으면서 근래 가장 위태로운 안보 상황을 맞고 있다. 위기는 국방 안보만이 아니다. 경제 안보까지 심각한 위기 상황이다.

미국과 일본은 앞에서는 '한·미·일 굳건한 동맹 어쩌고' 사탕발림이지만, 한국의 대통령이 사탕발림 술에 취해 헤헤거리고 있는 사이에 뒤에서는 자기들끼리 할 건 다하고 챙길 건 다 챙긴다. 현재 일본으로서는 안보를 가장 확실하게 보장받는 최선의 길은 미국의 핵우산이 아니라 북한과의 수교다. 그리하여 일본의 경제력이 북한에 대해 영향력을 확대할수록 일본의 안보는 더욱 굳건해지면서 중국에 대한 대응력도 강해질 것이다. 북미 수교가 이뤄지면 북일 수교는 어렵잖게 이뤄질 것이고, 그렇게 되면 남한은 북한을 대놓고 적대할 수도 없게 될뿐더러 자칫 잘못하면 찬밥 신세가 되고 말 것이다. 이게 다 윤석열 정부의 극단적인 편향 외교가 빚고 말 참사다. 내일이 없는 막장 외교의 말로가 될 것이다.

## 노태우 정부의 북방 정책 개요

1988년 당시 노태우 대통령은 〈민족자존과 통일 번영을 위한 대통령 특별선언〉(이른바 7·7 선언)으로 자유 진영 국가 중심의 외교에서 벗어나 개혁·개방 노선으로 나선 공산권 국가들과의 교류 의지를 천명했다. 곧바로 이듬해부터 수년 내에 헝가리와의 수교를 시작으로 폴란드, 체코슬로바키아, 유고슬라비아, 소련, 불가리아, 몽골, 루마니아, 알바니아 등에 이어 중국, 베트남과도 수교했다. 그런 가운데 남북한의 유엔 동시 가입까지 이루었다.

**노태우 정부 때 체결한 남북기본합의서에는 남북 사이의 화해와 불가침, 한반도 비핵화 선언, 상호 불가침과 교류 협력에 관한 합의, 쌍방의 체제에 대한 인정과 존중 등**

**이 고루 담겼다. 적대적 관계를 청산하고 이런 평화 교류의 바탕을 마련한 덕분에 훗날 김대중 대통령의 역사적인 평양 방문도 이뤄질 수 있었다.**

이로써 한국은 서구 자본주의 국가 일변도의 외교 편향에서 벗어나 국제 외교 무대에 당당한 주체로서 강렬한 존재감을 알렸다. 이후 한국은 급속한 경제 성장을 바탕으로 국력을 키워 유엔 비상임이사국을 지내고 사무총장을 배출하는 등 국제 무대에서 역할을 확대했다.

노태우 정부 때 체결한 남북기본합의서에는 남북 사이의 화해와 불가침, 한반도 비핵화 선언, 상호 불가침과 교류 협력에 관한 합의, 쌍방의 체제에 대한 인정과 존중 등이 고루 담겼다. 적대적 관계를 청산하고 이런 평화 교류의 바탕을 마련한 덕분에 훗날 김대중 대통령의 역사적인 평양 방문도 이뤄질 수 있었다.

미국은 처음에는 북방 정책에 부정적이었지만, 이미 10년 전에 미·중 수교가 이뤄진 마당에 대놓고 반대할 명분이 없었다. 북방 정책의 대표적인 수혜 기업은 김우중 회장의 대우그룹과 정주영 회장의 현대그룹이었지만, 북방 정책은 우리 경제 전체에 활력을 불어넣었다.

# 김대중의 햇볕정책,
# 적대를 넘어
# 화해 협력으로

◆

"북한 핵이나 미사일 문제는 북미 적대 관계의 산물이다. 대증요법으로는 해결할 수 없다. 미국이 북한을 적대시하고 북한이 위협을 느끼는 한 북한은 대량살상무기 개발 유혹에서 헤어나기 어렵다. 대북 적대 관계를 해소하고 관계 정상화를 해야 하며, 정전 체제를 평화 체제로 전환해야 한다."

한반도 평화 프로세스를 추진하던 김대중 대통령이 한국의 평화 독자노선을 반대하는 미국을 설득한 말이다. 참으로 탁월한 혜안이다.

이렇게 한반도에 이해관계를 가진 미국을 비롯하여 중국, 러시아, 일본 등 4대 강대국을 설득시킨 김대중 정부는 한반도에서 냉전을 종식하기 위한 평화 프로세스에 돌입했다. 그 어느 때보다 평화가 절실한 오늘날, 한반도에 평화의 길을 닭은 김대중 정부의 외교·안보 철학을 돌아보고 그로부터 다시 해답을 찾을 필요가 있다.

**힘들여 다져온 평화와 통일의 초석을 윤석열 정부가 일거에 말아먹고 있지만, 역사의 긴 안목으로 보면 이런 잠깐의 반동은 곧 꺼지고 새로운 시대의 도도한 흐름은 제자리를 찾을 것이다. 우리가 나아갈 길은 평화를 향한 전진, 오직 그 한 길이다.**

김대중은 일찍이 1970년대 초부터 한반도 평화 사상을 설파하면서 화해 공존의 길을 모색해왔다. 남북이 평화적으로 공존하고 교류하면서 통일을 이룩해야 한다는 3단계 평화통일론이 그것이다. 그는 나아가 전쟁을 억제하고 평화를 보장받기 위해 한반도에 이해관계를 가진 '4대국(미·소·중·일)의 안전보장론'을 주창했다.

남북 간 화해·협력 정책의 출발은 북한의 붕괴는 남한에도 유익하지 않다는 인식에 기초하며, 평화와 화해 협력을 통한 남북 관계의 개선을 통한 한반도 통합이 정책 목표다. 이는 단순한 대북 정책이 아니라 남북 간의 부분적이고 점진적인 통합을 추구하는 평화통일 전략이다.

1990년대 초에 동서 냉전 종식으로 유럽의 정세는 평화 분위기가 무르익고 독일의 통일로 한껏 고조되었다. 김대중은 유럽 평화 분위기와 독일 통일을 보면서 한반도에서도 냉전을 끝내고 평화와 통일을 이룰 것으로 확신했다.

1998년, 김대중은 대통령 취임사에서

"첫째, 어떠한 무력 도발도 절대 용납하지 않겠다.

둘째, 흡수통일을 할 생각은 추호도 없다.

셋째, 화해ㆍ협력을 적극적으로 추진해 나가겠다"는 대북 평화 정책(이른바 햇볕정책) 3원칙을 천명했다. 그리고 6대 정책 기조로 더욱 많은 접촉ㆍ대화ㆍ협력의 추구, 정경 분리 원칙에 입각한 경제 교류의 활성화, 인도적 차원에서 북한 동포의 식량난 해결 지원, 남북 이산가족 문제의 조속한 해결 노력, 남북 대화를 통한 상호주의적 협력과 남북기본합의서의 이행, 군사적 긴장 완화와 신뢰 구축을 통한 군비 통제의 실현 노력을 제시했다.

이는 다시 말해 '먼저 경제부터 협력하고 정치는 나중에(先經後政), 먼저 쉬운 것부터 해결하고 어려운 것은 나중에(先易後難), 먼저 민간부터 손을 잡고 관은 나중에(先民後官), 먼저

주는 것부터 하고 받는 것은 나중에(先供後得) 하자'는 메시지다. 북한으로의 시장경제 확대를 통해 민간에서 시작한 협력 관계를 정치적으로 발전시켜 한반도에 평화를 정착시키고 나아가 통일을 이루겠다는 복안이다.

이후 김대중은 평화통일론을 즉각 실천에 옮겼다. 남북 관계 개선을 위해 햇볕정책을 추진하는 한편으로 미국과의 정책 공조를 통해 한반도 평화 정착을 꾀하는 투 트랙 전략을 구사했다. 그는 우선 화해 협력을 통해 북한이 변화할 환경과 여건을 조성하는 데 중점을 두고 화해·협력·변화·평화의 햇볕정책을 펴나갔다.

새천년을 여는 2000년, 마침내 역사적인 남북정상회담이 평양에서 열렸다. 이 회담을 통해 김대중-김정일 양 정상은 '6·15 남북공동선언'을 발표하고 이를 실천에 옮겼다. 끊어진 철도와 도로를 연결하고 인적 왕래와 교역, 이산가족 상봉, 금강산 관광사업과 개성공단 설치 운영 등 다방면의 교류와 협력이 일사천리로 추진되었다. '6·15 남북공동선언'은 미국과 북한이 새로운 관계 수립에 합의하는 '북미 공동코뮈니케' 채택으로 이어지고, 미 국무장관이 평양을 방문해 북미정상회담을 타진하는 단계까지 나아갔다.

이렇게 힘들여 다져온 평화와 통일의 초석을 윤석열 정부가 일거에 말아먹고 있지만, 역사의 긴 안목으로 보면 이런 잠깐의 반동은 곧 꺼지고 새로운 시대의 도도한 흐름은 제자리를 찾을 것이다. 우리가 나아갈 길은 평화를 향한 전진, 오직 그 한 길이다.

# 이명박에서 윤석열까지, 보수 정권의 반동

## 가짜 보수들의 반국익적 작태

현실 정치를 극단적인 반동으로 뒤집어엎어 망가뜨리는 윤석열 정부의 폭주에 제동을 걸기 위해 연일 전국에서 시위가 봇물이다. 지금 대한민국은 분노한 민심으로 폭풍 전야의 초비상 시국이다.

'전두환 정권의 무도함, 이명박 정권의 뻔뻔함, 박근혜 정권의 무능함을 다 합했다'는 조국혁신당 조국 대표의 일갈이 윤석열 정권의 실상을 정확하게 말해준다. 야당 원내대표(박찬대)의 말대로 우리는 오늘날 "민생경제, 민주주의, 대한민국의 평화까지 전체가 흔들리고 후퇴하고 추락하는" 참상을 보고 있다.

**미국의 외교전문지 《디플로맷》에 윤석열 대통령을 두고 "기시다 내각이 자국 역사를 세탁하는 데 발견한 완벽한 공범"이라는 글이 실릴 정도였다. 사도 광산 문제만 해도 윤석열 정권의 망국적 대일 외교 현실을 그대로 보여주는 참상이다.**

윤석열 대통령이나 정부 여당은 보수를 자처한다. 과연 이들이 보수일까? 보수라고 해서 잘못된 현실을 마냥 감싸고 돌거나 고집하지 않는다. 전통적인 가치를 지키되 잘못된 현실은 바로잡으며 앞으로 나아가는 것이 진정한 보수다. 이들은 보수와 반동을 착각하는 것 같다.

역사의 시계를 거꾸로 돌리고, 21세기 국익 우선주의의 현실을 20세기 냉전 시대로 돌리는 정치는 보수가 아니라 극우 반동이다. 유럽에서도 나치즘을 미화하는 세력을 극우 반동으로 여기지 보수로 여기지는 않는다. 일본 제국주의 침탈을 미화하고 친일 부역을 합리화하는 언동 역시 보수 진보의 문제가 아니라 그저 극우 반동의 반국가 언동일 뿐이다.

윤석열 대통령은 지난 8·15 경축사에서 "일본은 이제 보편적 가치를 공유하고 공동의 이익을 추구하는 파트너"라고 선언했다. 정말 그런가? 일본은 일제 강점 35년간 우리의 모든 자유를 빼앗은 채 함부로 수탈하고 살해하고 짓밟았다. 한국뿐 아니라 전 아시아를 파괴한 '자유'의 적이요 악마였다. 그런데도 오늘날까지 깊이 참회하고 제대로 보상하기는커녕 전쟁범죄를 부정하거나 은닉하고 식민지 침탈을 합리화하기까지 한다. 더구나 멀쩡한 남의 땅(독도)을 자기 땅이라고 우겨 교과서에까지 수록하는 지경이다. 이런데도 "보편적 가치를 공유하고 공동의 이익을 추구한다"고?

최근 일제강점기 한국인이 강제동원되어 노동력을 착취당한 일본의 사도 광산이 유네스코 세계문화유산으로 등재됐다. 이 과정에서 강제동원 역사를 은폐하려는 일본 정부에 한국 정부는 적극적으로 협력했다. 미국의 외교전문지 《디플로맷》에 윤석열 대통령을 두고 "기시다 내각이 자국 역사를 세탁하는 데 발견한 완벽한 공범"이라는 글이 실릴 정도였다. 사도 광산 문제만 해도 윤석열 정권의 망국적 대일 외교 현실을 그대로 보여주는 참상이다.

윤석열 대통령은 '자유'를 입에 달고 산다. 얼마나 '자유'를 사랑하는지 아무 데나 막 갖다 붙이면서 결연한 표정을 짓는다. '자유'의 글로벌 투사를 자처하면서 세계 어디를 가든 오로지 자유, 자유, 자유다. 유엔에 가서도 '자유'를 수십 번이나 외쳤다. 세계 각국의 지도자들이 아마 1950년대에서 방금 날아온 분이 아닐까 싶었을 것이다. 이토록 '자유' 좋아하는 대통령이 국내의 비판 여론에는 억압과 적대의 말을 쏟아 놓는다. 이건 자유주의자의 태도가 아니다. 나의 자유가 중요한 만큼 남의 자유도 중요하다는 것을 말뿐이 아니라 몸소 실천하는 것이 진정한 자유주의의 도리다.

윤석열 대통령은 '자유'의 의미를 알기나 하는 걸까? 우리 헌법 전문은 "자유민주적 기본질서"를 명시한다. 그런데 이 자유민주적 질서에는 전제가 있다. 반제 자주 3·1 독립운동과 불의에 항거한 반독재 4·19 민주주의 투쟁 정신을 기반으로 민주개혁과 평화적 통일을 이루는 전제 아래 '자율과 조화'를 이뤄가는 자유민주적 기본 질서인 것이다.

"누군가 자유를 지속하여 외친다면 의심하십시오. 그 반복만큼 당신의 자유가 사라질 것이니 말입니다."

언어학의 대가이자 미국의 양심으로 불리는 노엄 촘스키의 일갈이다. 한국의 현실은 촘스키의 말대로 되어가고 있다. 윤석열 대통령이 '자유'를 외칠 때마다 비판 언론이 압수수색을 당하고 시민의 자유가 억압되고 있으니 말이다.

윤석열 대통령의 말과 행동은 기이할 정도로 따로 논다. 매번 자기 언어를 자기 행동이 잡아먹는 형국이다. 앞에서는 '사회적 약자 보호'를 외치면서 뒤에서는 관련 예산을 대폭 삭감한다. 연구개발 예산도 마찬가지다. '과학기술이야말로 우리 미래의 경쟁력'이라며 과학자들을 한껏 격려하고 돌아서서는 연구개발 예산을 대폭, 그것도 갑자기 삭감하는 바람에 우리 과학기술 연구개발의 토대가 무너져 버렸다.

후폭풍이 걷잡을 수 없자 다음 해 예산 편성에서 삭감한 만큼만 복구해 놓고서는 대폭, 증액했다며 천연덕스럽게 생색을 낸다. 국민을 바보로 아는 게 아니라면 자신이 바보임이 틀림없다. 정책마다 이런 식이니, 대통령이 가는 데마다 손대는 것마다 그 토대까지 망가지고 만다. 오죽했으면 국민이 '임기 끝날 때까지 아무것도 하지 말고 가만히 술이나 마시다 내려가라'고 할까.

## 반동을 지지하거나 용인한 대가

반동의 정치를 극명하게 보여준 세계사적인 사례는 아무래도 히틀러의 나치 정권이 첫손가락에 꼽힐 것이다. 최악의 악명을 떨친 나치 정권이지만 출발은 민주적 절차에 의해 탄생한 정당의 합법적 집권이었다. 여기에는 우여곡절이 있는데, 당시 보수 세력의 정권 유지 욕심이 부른 재앙이었다.

1919년, 제1차 세계대전의 전후 처리를 위해 베르사유 조약이 체결됐다. 승전국(프랑스, 영국, 미국 등)은 패전국 독일에 군사적 제한뿐 아니라 엄청난 액수의 배상금을 요구했다. 전후 독일은 패전의 상처를 딛고 6개월간의 격론 끝에 새 헌법을 비준했는데, 그 유명한 바이마르 헌법이다. 바이마르 헌법은 당시 '세계에서 가장 선진적이고 민주적'이라는 평가를 받았지만, 그 안에 이미 나치를 잉태하고 있었다.

미국의 저널리스트 윌리엄 로렌스 샤이러(W. L. Shirer)는 나치 정권의 흥망을 다룬 《제3제국의 흥망성쇠》에서 "새로운 헌법(바이마르 헌법)에도 확실히 맹점은 있었다. 비례대표제 리스트 투표 방식은 무효 투표를 예방했지만, 무수한 군소정당이 난립하는 결과를 초래했다. 의회는 안정된 다수파를 가질 수 없게 되어, 주도 정당이 빈번히 바뀌는 것을 보게 되었다"면서 이런 토양이 나치 같은 극단주의 세력을 배양한 것이라고 분석했다. 더구나 그 무렵 세계적인 대공황으로 경제위기가 닥치면서 혼란은 가중되었다.

1930년 이후 독일에서는 어느 한 당이 과반 의석을 확보해 법안을 통과시키고 정책을 실행하는 것이 불가능해졌다. 그러면서 상징적 존재로만 머물던 대통령의 역할이 중요해졌다. 대통령과 총리는 새로운 헌법이 보장한 비상대권을 활용한 긴급명령으로 국정을 운용했다. 이런 변칙으로 인해 국정이 법과 제도보다는 정치인의 사사로운 의도에 휘둘렸다. 독일의 극단주의자들은 바로 이 틈을 파고들었다.

　기존 정당에 실망한 독일 국민에게 히틀러의 나치당은 대공황으로 인한 경제위기 해결을 공약으로 내걸고 1932년 7월 선거에서 승리함으로써 제1당이 된다. 하지만 과반 의석은 얻지 못한 히틀러는 보수당 세력을 포섭하여 연정을 구성하고 수상 자리에 올랐다. 그러고 나서 '수권법'을 제정하여 바이마르 체제를 무너뜨리고 나치당 외의 모든 정당을 금지함으로써 일당독재체제를 구축했다. 전후 어렵게 세운 독일 민주주의 체제를 파괴하고 전체주의 일인 독재 총통국가를 세운 것이다. 불과 5년 사이에 극단적인 반동을 완성한 히틀러는 독일과 독일 국민을 광기 어린 전쟁의 소용돌이로 휘몰아 넣었다. 반동을 용인하거나 지지한 독일 국민은 혹독한 대가를 치러야 했다.

# 다시 잡는 손, 북미 수교와 평화협정부터

◆

윤석열 정부가 들어서고부터 북한과의 모든 통로가 단절되고 적대감만 키운 끝에 일촉즉발의 전쟁 위기마저 감도는 상황이 되고 말았다.

이제 남북이 다시 손을 잡는 길은, 나아가 동북아의 평화와 공존을 위해서는 먼저 미국이 대북 관계를 개선하는 방법밖에 없다. 한마디로 북미 수교가 답이다. 우리가 그렇게 되도록 외교력을 발휘하고 미국과 중국을 집요하게 설득하는 한편으로 북한과의 거리를 좁혀야 한다. '하늘은 스스로 돕는 자를 돕는다' 는 말이 옳다. 우리가 손 놓고 있으면 북미 수교라는 평화의 선물도 오지 않는다.

북미 수교가 되면 정전협정을 평화협정으로 돌리는 일은 저절로 따라온다. 게다가 북미 수교는 북일 수교로 이어질 것이다. 그러면 북핵 문제도 어렵잖게 풀리고 한반도를 비롯한 동북아에 항구적인 평화 체제를 구축할 최상의 환경이 마련된다.

**남북 관계의 획기적인 변화를 여는 첫길! 거듭 말하지만, 그 길을 여는 첫 여정은 북미 수교가 될 것이다. 유엔 안보리 및 미국의 제재와 압박을 해제하고, 유엔사를 해체하는 대신 유엔 평화유지군을 창설하며, 정전협정을 평화협정 체재로 전환하는 실질적 변화를 실천해가야 할 것이다.**

대북 관계에서 무엇보다 명심할 것이 있다. 한국이든 미국이든 일본이든, 북한을 변화시키려면 먼저 자기 자신부터 변화해야 한다. 자기들은 변하지 않으면서 북한을 변하라고 윽박지른다고 해서 변할 북한이 아니다. 현재의 국력이나 군비로 보면 북한은 동북아에서 최약자다. 주한 미군이 아니라도 북한은 이미 군사적으로도 남한에 대적할 수준이 못 된다. 게다가 미국을 믿지 못한다. 그래서 기를 쓰고 핵무장에 집착하는 것이다. 북한이 믿을 구석은 핵무장밖에 없다. 북한으로서는 미국이 세계 패권을 쥐고 있는 이상 중국이나 러시아에 대한 믿음도 제한적일 수밖에 없다. 이런 북한을 대화의 마당으로 끌어내려면 '불량 국가' 라는 딱지 대신 평화 협상 파트너로 인정하는 조치부터 취할 필요가 있다.

남북 관계의 획기적인 변화를 여는 첫길! 거듭 말하지만, 그 길을 여는 첫 여정은 북미 수교가 될 것이다. 유엔 안보리 및 미국의 제재와 압박을 해제하고, 유엔사를 해체하는 대신 유엔 평화유지군을 창설하며, 정전협정을 평화협정 체재로 전환하는 실질적 변화를 실천해가야 할 것이다. 그리고 한미를 비롯한 한반도 이해 당사국 공동으로 NKIIB(North Korea International Investment Bank, 북한국제투자은행)를 설립해 운용하는 방안을 생각할 수 있다. 북한국제투자은행(자본금 1,000억 달러 규모로 시작하여 운용 자금 최소 1조 달러, 최대 10조 달러 확보)은 북한 비핵화 협상과 진행, 정권의 안정, 대외 개혁 개방과 발전을 도모하고 한반도의 긴장을 완화하는 실질적인 해결 방안이 될 것이다. 동북아시아와 주변 이해 당사국들 그리고 미국의 인도 · 태평양 억지 전략에 긍정적이고 결정적인 영향을 줌으로써 신냉전의 격렬한 대립과 충돌을 예방하게 될 것이다. 또 한반도에서 대립과 충돌, 전쟁의 위험을 완화하고 평화 자유의 길을 찾아가는 여정에 강력한 주춧돌이 될 것이다. 남북의 한반도를 둘러싼 지정학적인 국제 정치의 틀을 넓히고 혁신하는 새 시장의 에너지가 강력하게 폭발할 것이다. 글로벌 공급망 재편에 따른 불확실한 환경에서도 새로운 미래의 꿈이 만개하는 평화와 번영의 시장이 요동치게 할 것이다.

## 북한개발국제투자은행 설립 및 운용 방안

1. 영문 명칭은 North Korea Development International Investment Bank로 하고, 약칭은 NKDIIB로 한다.

2. 은행 본부(본점)는 평양에 설치하고, 서울·도쿄·뉴욕·베이징·모스크바 등에 지부(지점)를 둔다. 단, 설립준비사무소는 서울에 둔다.

3. 총재단은 고문(10인 내외, 주요 투자국 정·재계 원로 1인씩 추대), 명예총재(1인, 전임 미 국무장관 중에서 추대), 총재(1인, 전임 한국 경제 각료 중에서 추대), 부총재(6인 내외, 남한·북한·미국·일본·중국·러시아의 전문 금융인 출신 중에서 각각 추대)로 구성한다.

4. 이사회는 투자국 이사들로 구성하되 이사회 의장은 최대 출자국 이사가 맡는다.

5. 자본금은 최초 100억 달러로 출발하되 추후 증자를 통해 1,000억 달러까지 증액한다. 운용 자산은 최초 1조 달러로 출발하되 추후 다양한 펀드 조성을 통해 10조 달러까지 증액한다.
6. 부설로 동아시아 경제의 평화적 공존공영을 위한 국제경제 투자평화연구소를 설립하여 운영한다.


윤석열 정부의 맹목적인 친일 굴종 외교는 국민의 건전한 상식에서 벗어나 우리나라를 호구 수준으로 끌어내리는 참사로 이어지고 있다. 윤석열 대통령을 비롯하여 핵심 참모와 관계 부처 장관 모두 위험천만한 냉전 사고에 사로잡혀 우리 외교 안보의 전략과 수준을 수십 년 전의 미소 냉전 시대로 퇴행시키고 있다. 이른바 '가치' 외교라는 이름으로 대미·대일 외교에 편중함으로써 스스로 경제 안보 위협을 자초하고 대한민국의 외교 협상력을 무력화하고 있다. 세계 모든 나라가 철저하게 국익에 따라 외교 관계를 다변화함으로써 자국의 외교 협상력을 강화해가는 추세에 있는데, 홀로 '가치'를 부르짖으며 미일 패권전략의 첨병을 자처하고 있으니, 참으로 딱한 노릇이다.

윤석열 정부의 '힘의 우위를 바탕으로 한 자유 평화론'은 하책이다. '선제타격론'과 '참수론' 같은 섬뜩한 언사를 남발하고 있는데, 이는 남북 관계를 파탄에 빠뜨리고 국제 여론의 외면과 비웃음을 사게 될 것이다. 일단 전쟁이 터지면 이 땅의 국민 수백만 명이 순식간에 희생되는 '비대칭 위협'의 치명적인 피해를 간과했거나 일부러 무시한 데서 나오는 경솔한 언사이다. 이는 미국의 아시아 전략과도 상충하는 부분이어서 미국의 지지조차 얻지 못하고 있다. 현대 전쟁에는 승자는 없고 패자만 존재할 뿐이다. 가공할 집단살상무기가 서로를 겨눈 상태에서 적을 말살시키려는 전쟁 전략은 아군의 말살도 전제해야 하는 하책 중 하책으로 스스로 공멸의 늪으로 빠질 뿐이다. 그러므로 나의 생존은 전쟁에 있지 않고 평화 공존에 있다. 현대의 모든 전쟁은 적뿐만 아니라 나도 파괴하기 때문이다. 거칠고 힘든 긴 여정의 항로, 이 땅의 생존과 자유의 안전한 길을 만들어가는 상책은 오직 평화다.

한반도의 평화는 곧 동북아의 평화를 의미하고, 동북아의 평화는 곧 미·중 패권 전쟁의 종식을 의미한다. 그리하여 러시아와 중앙아시아, 남북한과 중국·일본을 포함한 동북아시아 그리고 태평양을 통해 이어지는 미국까지, 세계 최대의 자유 평화시장이 탄생하는 것이다.

북핵 문제는 강제력으로 억제한다고

억제될 성격의 문제가 아니다.

북한으로서는 체제를 유지하려면 핵무기가

절실하게 필요하다고 여길 수밖에 없는 상황이 이어지고 있다.

그러니 억제한다고 억제될 리 만무하지 않은가.

그러면 어떻게 해야 할까?

답은 간단하다. 북한이 핵무장을 강행할 필요성을

못 느끼게 하면 된다. 북한의 안보를

항구적으로 보장하는 것이다.

그 첫 단추는 앞서 말했듯이 북미 수교다.

03

# 전쟁과 평화,
# 멀고도 가까운
# 거리

# '힘에 의한 평화'는 없다

◆

노태우 정부부터 문재인 정부까지 30여 년간 힘들게 쌓아 온 남북 화해 협력과 한반도 평화 구축 노력을 '가짜 평화'로 폄훼하고 '힘에 의한 평화'를 보여주겠다고 공언한 윤석열 정부는 출범 3년이 되어 가지만 아무런 안보 성과도 보여 주지 못하고 있을뿐더러 오히려 국가와 국민을 아찔한 안보 위기로 몰아넣고 있다. 눈에 힘을 잔뜩 주고 강경한 협박의 언사로 목청만 높이면 안보나 평화가 저절로 확보되는 줄 아는 모양이다.

'힘에 의한 평화'는 말 자체로도 모순이지만, 역사적으로도 실패한 개념이다. 힘은 힘을 부르고 무기는 무기를 부르고 대결은 대결을 부를 뿐이지 평화를 주지는 않는다. 여기서 자위 능력을 키우는 자강의 필요성을 부인하려는 건 아니다. 지금도 힘은 충분히 북한보다 우위에 있다. 그러므로 '힘에 의한 평화'의 구호는 북한으로서는 무력 흡수 통일의 협박으로 들릴 수밖에 없다. 그러니 무슨 평화가 오겠는가. 최근 윤석열 대통령은 자신의 북한에 대한 메시지에 대해 절대 흡수통일을 의미하는 건 아니라고 하면서 "자유주의 체제를 북쪽까지 확장하려는 의미"라고 했다. 참, 난감하다. "(남쪽의) 자유주의 체제를(사회주의 체제인) 북쪽까지 확장하겠다"는 말이 흡수 통일이 아니면 뭐란 말인가?

**윤석열 대통령은 북한에 대해, 그리고 북핵 문제에 대해 잘 알지도 못하면서(아니, 어쩌면 전혀 모른다) 최고 전문가로 행세한다. 국내외 자칭 '북한 전문가'들도 책상물림 지식으로 이러쿵저러쿵 북한과 북핵 문제에 대해 예언을 쏟아놓지만 중구난방이다. 대개는 북한과 무릎을 맞대고 끝없이 대화를 나눠본 경험이 없는 이들이다.**

'힘에 의한 평화'가 허구라는 사실은 최근 이스라엘의 강경 노선이 분명하게 보여주고 있다.

시민언론 민들레(Dentdelion)는 이스라엘의 '힘에 의한 평화' 의 추구가 왜 한낱 신기루인지, 철벽 방어체계로 알려진 아이언돔의 신화가 왜 허상인지를 낱낱이 파헤친다.

'힘에 의한 평화' 는 신기루였다. 미국과 서방의 군사적 지원을 외성(外城)으로, 아이언돔을 내성(內城)으로 철통같은 방어망을 자랑하던 이스라엘의 평화가 뿌리에서부터 흔들리고 있다. 작년 10·7 하마스 기습공격에 이어 4·13 이란의 공격으로 거듭 확인된 현실이다. '미스터 안보(Mr. Security)' 로 불려 온 베냐민 네타냐후 내각에서 사상 초유의 '안보 실패' 가 연거푸 벌어졌기 때문이다.

아이언돔의 신화는 이중으로 타격을 받았다. 10·7 하마스 기습공격에 속절없이 무너진 데다 이번에도 철벽 방어와는 거리가 있었다. 이스라엘군은 이란이 발사한 무인기나 미사일의 99%를 격추했다고 발표했지만, 100% 자력으로 한 게 아니었다. 미국을 비롯한 우방국 해·공군이 요격 작전에 합류한 덕분이다. 이스라엘 총리실은 16일 "이란의 공격을 격퇴하는 데 도움을 준 미국과 영국, 프랑스 등에 깊은 감사를 표한다" 고 밝혔다. 이란이 명명한 작전명은 '진정한 약속 작전(Operation True Promise)' 〈뉴욕타임스〉에 따르면 이란이 날려 보낸 비행체는 무인기

185기와 지대지 탄도미사일 11기, 순항미사일 36기 등이다.

이란이 지난 7일 오만을 통해 보복 공격 계획을 미국에 통보한 것도 피해를 줄일 수 있었던 비결이었다. 공격 시점을 명시하지 않았지만, 미국은 당장 중부군사령부에 탄도미사일 요격 기능을 갖춘 구축함 2척과 최신 전투기를 추가 배치할 수 있었다. 바이든 미 대통령은 이미 지난주 추가 전력을 배치해 놓았다고 강조했고, 네타냐후 총리는 지난 몇 년, 특히 지난 몇 주 동안 이란의 직접 공격에 대비해 왔다고 밝혔다. 이스라엘의 재보복 공격 뒤 이란이 아무런 예고 없이 공격한다면 피해가 더 클 수밖에 없음을 말해준다. 이란 혁명수비대가 "성공적인 타격이었다"고 평가하는 이유일 것이다. 막대한 유지 비용도 주목받았다. 람 아미나흐 이스라엘 예비역 준장이 14일 와이넷 인터뷰에서 아이언돔을 비롯한 방공체계에 하룻밤에만 40~50억 셰켈(1조 4,700억~1조 8,400억 원)이 들어간다고 밝힌 게 계기가 됐다. 작년 국방예산 600억 셰켈을 다 투입해도 10여 일밖에 가동할 수 없다는 말이다. 국내 일각에서 부러워하는 아이언돔의 실체다.

북핵 문제만 해도 그렇다. 강제력으로 억제한다고 억제될 성격의 문제가 아니다. 북한으로서는 체제를 유지하려면 핵무기가 절실하게 필요하다고 여길 수밖에 없는 상황이 이어지고 있다. 그러니 억제한다고 억제될 리 만무하지 않은가. 그러면 어떻게 해야 할까? 답은 간단하다. 북한이 핵무장을 강행할 필요성을 못 느끼게 하면 된다. 북한의 안보를 항구적으로 보장하는 것이다. 그 첫 단추는 앞서 말했듯이 북미수교다.

"억제력은 먹히지 않는 순간까지만 먹힌다!"

미국의 한반도 전문가 로버트 칼린이 10·7 하마스 공격을 두고 한 말이다. 2023년에 핵 과학자 시그프리드 헤커 박사와 함께 한국을 방문한 그는 한미 양국이 북한의 위협에 직면해서도 '억제력의 최면'에 걸려 있다면서 이 같은 말을 남겼다.

윤석열 대통령은 북한에 대해, 그리고 북핵 문제에 대해 잘 알지도 못하면서(아니, 어쩌면 전혀 모른다) 최고 전문가로 행세한다. 국내외 자칭 '북한 전문가'들도 책상물림 지식으로 이러쿵저러쿵 북한과 북핵 문제에 대해 예언을 쏟아놓지만 중구난방이다. 대개는 북한과 무릎을 맞대고 끝없이 대화를 나눠본 경험이 없는 이들이다. 윤석열 대통령은 말할 것 없다. 아무것도 모르면서 덮어놓고 적대하기만 할 게 아니라 술 좋아하는 분이니 김정은과 허리띠 끌러놓고 밤새워 대작하며 얘기할 생각은 왜 못하는가. 그럴 배포도 없으면서 어떻게 자유를 수호하고 평화를 부른단 말인가.

그래서 칼린과 헤커는 북한과 북핵 문제에 대한 속단을 경계한다. 자신들도 '새로운 북한'을 정말 모른다며, 언젠가 다시 마주 앉으면 처음부터 다시 시작해야 한다고 털어놓는다.

그들은 현재의 한반도 안보 상황이 지극히 불안하다고 진단한다. 북한의 과거 전략은 북미 관계 정상화라는 긍정적인 목표가 있어서 벼랑 끝을 넘어서지 않았지만, 이제는 알 수 없다는 것이다. 만약 북한의 새 전략이 부정적인 목표만 있다면 매우 우려되는 상황이다. 그들은 "한반도는 남한이 억제하면 북한이 도발하고, 북한이 위협하면 남한이 군사 옵션들을 과시하는 역학 구도(dynamics)에 갇힌 상태인데 이는 안정적이지 않을뿐더러 장기 전략으로 적합하지 않다"고 진단한다. "억제는 먹히지 않는 순간까지만 먹힌다"는 이들의 충고는 '억제' 넘어 '외교'가 필요하다는 의미다.

# 우크라이나 - 러시아 전쟁의 숨겨진 민낯

## 군산복합체의 탐욕과 푸틴의 야망

우크라이나 - 러시아 전쟁은 러시아 침공으로 시작되었지만, 근원을 따져 들어가면 미국의 글로벌 패권 전략의 하나인 NATO의 팽창 정책에서부터 비롯됐다. 독일 통일 당시 미국은 동유럽에서의 힘의 불균형을 우려한 소련에 "NATO의 팽창은 없을 것"이라고 철석같이 약속했다. 그러나 미국은 그 약속을 헌신짝 버리듯 하고 NATO를 동쪽으로 팽창시켜 우크라이나에까지 손길을 뻗쳤다. 우크라이나는 지정학상 러시아의 멱통이다. 우크라이나가 NATO에 편입되어 미국의 직접적인 군사 활동 지역으로 포함되면 미국이 러시아의 멱살을 쥔 것이나 마찬가지다. 위대한 러시아의 부활을 꿈꾸는 현대판 차르 푸틴이 앉아서 당하고만 있지 않으리라는 건 삼척동자도 알 수 있는 정세다.

**우크라이나-러시아 전쟁의 이면은 미국이 주도하는 NATO의 팽창 정책과 위대한 러시아 부활을 꿈꾸는 푸틴의 야망이 충돌한 것이다. 젤렌스키는 미국의 장단에 놀아난 어릿광대일 뿐이다. 윤석열 대통령이 그런 젤렌스키의 전철을 밟지 않을까 심히 염려스럽다.**

일찍이 미국의 정치학자 존 미어 샤이머(시카고대학교 교수)와 제프리 삭스(컬럼비아대학교 교수)는 미국과 NATO의 무분별한 확장 정책을 비판했다. 미국은 세계 평화를 말하지만, 세계 곳곳에서 거의 모든 평화는 미국이 일으킨 분쟁과 폭력과 전쟁으로 파괴되었다. 우크라이나-러시아 전쟁도 미국이 진정으로 평화를 원했다면 막을 수 있었다. 하지만 미국은 애초에 그럴 생각이 없었다.

우크라이나-러시아 전쟁의 이면은 미국이 주도하는 NATO의 팽창 정책과 위대한 러시아 부활을 꿈꾸는 푸틴의 야망이 충돌한 것이다. 젤렌스키는 미국의 장단에 놀아난 어릿광대일 뿐이다. 윤석열 대통령이 그런 젤렌스키의 전철을 밟지 않을까 심히 염려스럽다.

혼돈의 냉전적 대결과 음모는 역사에서 사라져야 한다. 우크라이나-러시아 전쟁은 미국의 무분별한 확장 정책과 순진한 젤렌스키의 무모한 영웅 놀이, 위대한 차르의 몽상에 사로잡힌 푸틴의 야욕이 빚은 비극이다. 더 깊은 배경에는 러시아 연방을 분열시켜 세계 패권 전략의 잠재적인 위협을 제거하려는 미국 네오콘 바보들의 음모가 도사리고 있다.

우크라이나와 러시아 민중의 인권과 자유, 나아가 세계 평화의 정착은 미국의 안중에 없다. 미 군산복합체와 기득권층의 권력을 강화하고 셰일 가스로 유럽에 대한 영향력을 더욱 확대하려는 음모가 방아쇠를 당긴 더러운 전쟁이다. 우크라이나-러시아 전쟁의 최종 승리자는 미국의 셰일 가스와 군산복합체를 둘러싼 기득권이 될 것이다. 중동과 러시아가 독점하다시피 하던 유럽의 에너지 공급을 상당 부분 미국의 셰일 가스가 대체하게 될 것이다. 이 전쟁에는 이처럼 강대국의 검은 이익의 그림자가 아른거릴 뿐이다. 그로 인해 우크라이나-러시아 민중뿐 아니라 세계 시민이 얻은 것은 핵전쟁 발발에 대한 공포뿐이다.

푸틴의 야욕과 성향으로 보아 전세가 비관적으로 악화하면 전술핵을 사용하는 상황이 현실이 될 수도 있다. 미국은 민주주의와 시장경제, 자유와 인권을 앞세우면서도 전 세계 곳곳에서 전쟁을 일상화하는 모순된 행동을 일삼고 있다. 푸틴의 러시아가 그런 미국에 맞서 과거의 소련처럼 패권의 한 축을 차지하고 싶겠지만, 이미 러시아는 미국과 패권 경쟁을 벌일 수 없는 현실에 직면해 있다. 망상에 사로잡혀 무리하면 이웃 나라들과 자국민만 불행하게 할 뿐이다. 러시아는 패권을 추구하는 대신 미국과 함께 인류 평화와 번영의 길로 함께 나아가는 파트너가 되는 편이 현실적인 선택이 될 것이다.

나폴레옹의 프랑스와 히틀러의 독일 침공으로 극심한 고통과 치욕을 겪은 러시아는 미국과 유럽의 서방 세계에 대한 경계심과 불신 그리고 지정학적인 불안감이 크다. 미소 냉전 시대에 벌어진 쿠바 미사일 위기 사태 때 소련의 굴욕도 러시아의 불신과 불안감을 보태는 역사의 교훈이다.

미국이 자신의 등 뒤에 놓인 쿠바에 소련 미사일이 설치되는 꼴은 죽어도 못 봐 내면서 러시아의 멱통에 놓인 우크라이나를 NATO에 편입하려 한 행위는 모순이요, 독선이다.

러시아가 우크라이나를 침략하고 무차별 폭격으로 다수의 민간인을 학살한 것은 명백한 범죄이지만, 적어도 미국은 그런 러시아를 비난할 자격이 없다. 옛 소련을 포함하여 러시아의 전쟁 범죄는 미국의 전쟁 범죄에 비하면 새 발의 피다. 통킹만 사건을 조작하여 베트남을 무단 침공한 미국의 범죄만 봐도 알 수 있는 일이다.

러시아-우크라이나 전쟁은 어느 쪽의 유불리를 따지는 게 우선순위는 아니다. 일어나서는 안 될 전쟁이고, 하루라도 빨리 전쟁을 종식하는 것이 우선순위다. 서방 세계는 F16 전투기와 미사일 등 첨단 무기의 러시아 본토에 대한 제한적 공격을 허용했다. 러시아의 공세적 전술핵 훈련 실행 공개는 NATO를 둘러싼 서방의 러시아 본토 공격에 대한 정당방위의 명분을 쌓고 여차하면 핵 공격도 불사하겠다는 경고로 읽힌다. 견줄 데 없는 세계 최강 미국이 주도해온 세계 질서도 흔들리고 있다. 국제 정세는 혼돈 자체다. 러시아는 서방의 전방위적 제재에 고군분투하고 있지만, 중국과 인도, 사우디아라비아를 비롯한 중동, 브라질을 비롯한 남미, 중앙아시아 등 적잖은 국가의 지지와 협력을 얻고 있다.

일각에서는 서방의 제재에 따른 러시아 경제의 붕괴를 예견하기도 했지만, 2024년 1/4분기의 러시아 경제 성장률은 무려 5.2%다. 전시 체제에도 불구하고 러시아는 서방의 제재에 따른 고립에서 벗어나 경제의 동력을 유지하고 있다. 그러나 전쟁이 더 장기화하면 러시아도 한계에 봉착할 수 있다는 것을 알고 있으므로 출구 전략을 모색하고 있을 것이다. 다만, 전쟁을 끝낼 명분이 서로 엇갈리고 있어 좀처럼 접점을 찾기 어려운 것이다. 휴전 협상이 자꾸 엇박자가 나는 것도 그런 이유 때문이다. 우크라이나로서는 이번 전쟁으로 점령당한 영토나마 되찾아야 명분이 서고, 러시아로서는 최소한 우크라이나의 NATO 불가입 확답을 얻어야 명분이 선다. 그러나 현재로서는 절대 불리한 쪽이 우크라이나다. 러시아로서는 대등한 위치에서 협상하려고 할 리 만무하다.

러시아는 미국과 우크라이나의 바람대로 움직이지는 않을 것이다. 러시아는 소련 시절 제2차 세계대전에 연합군으로 참전했다가 무려 3,000만 명의 사상자를 낸 아픔을 갖고 있다. 조국 해방전쟁에서의 쓰라린 패배의 고통을 경험한 러시아는 강대한 제국의 부활을 염원한다. 그런 염원에 불을 지른 지도자가 제2의 표트르 대제를 꿈꾸는 푸틴이다. 그는 무지막지하고 무자비하다. 그의 앞길을 막는 존재는 무엇이 되었든 거침없이 파괴한다. 푸틴에 반기를 든 프리고진의 비행기 사고가 그저 사고였겠는가. 러시아 밖의 옛 소련 영역은 물론 중동에서 아프리카에 이르기까지 말로 안 되면 군사 행동도 서슴지 않는다.

러시아와 중국은 아프리카 국가들에 개발과 원조를 명목으로 이권을 탈취하고 있다. 제국주의 시대로부터 지금껏 미국과 영국을 비롯한 서구 열강은 그보다 더했다. 그들은 평화와 자유, 인권을 외치지만 그것이 그들의 본색은 아니다. 자기들의 민낯을 가리기 위한 화장일 뿐이다.

러시아와 중국의 전방위적 지원을 내세운 아프리카 정상외교는 이를 상징한다. 러시아는 주로 정치·군사·문화 분야에서, 중국은 주로 경제 분야에서 밀착 관계를 맺어가면서 자원 부국 아프리카를 선점하고 있다. 일찍이 북한은 일부 아프리카 국가들과 김일성 주석 시절부터 우호 관계를 유지하고 있다.

## 젤렌스키의 순진한 도박이 빚은 아비규환

무역을 두고 신경전을 벌이던 미국과 중국은 우크라이나-러시아 전쟁으로 더욱 날카롭게 대립하고 있지만, 물밑에서는 계산기를 두드리며 활발하게 접촉하고 있다. 겉으로는 으르렁거리면서도 뒤로는 할 건 다 한다는 얘기다. 세계는 이미 하나의 경제 공동체로 엮인 범위가 넓고도 깊어서 정치적 문제만으로는 관계를 재단할 수 없게 되었다. 더구나 강대국들은 다량의 핵무기를 보유하고 있어서 서로 군사행동을 하는 데는 명백한 한계가 있다.

그런 사정이 우크라이나-러시아 전쟁을 장기전으로 이끌고 있다. 우크라이나를 침략한 푸틴에게 전쟁의 가장 큰 책임이 있지만, 사전에 전쟁을 막지 못한 젤렌스키 대통령의 어설픈 영웅놀음으로 우크라이나는 철저히 파괴되고 삶의 기반을 잃은 국민은 신음하고 있다.

**젤렌스키는 오로지 미국의 배경만 믿고 그에 올인한 나머지 러시아의 지정학적 현실과 푸틴의 계속된 경고를 무시하고 NATO 가입을 서둘렀다. NATO의 우산만 쓰면 러시아의 위협에서 벗어날 줄 알았다. 외교 안보의 기본 전략을 무시하고 극단으로 편향된 나머지 국가와 국민을 전쟁 지옥으로 밀어넣은 것이다.**

동유럽과 중앙아시아를 향한 NATO의 거침없는 확장 전략이 우크라이나에까지 뻗치자 러시아로서는 미국에 멱살을 잡히는 형국이라 위기감을 느끼지 않을 수 없다. 더구나 러시아의 통치자는 현대판 차르를 꿈꾸는 호전적인 푸틴이다.

젤렌스키는 오로지 미국의 배경만 믿고 그에 올인한 나머지 러시아의 지정학적 현실과 푸틴의 계속된 경고를 무시하고 NATO 가입을 서둘렀다. NATO의 우산만 쓰면 러시아의 위협에서 벗어날 줄 알았다. 외교 안보의 기본 전략을 무시하고 극단으로 편향된 나머지 국가와 국민을 전쟁 지옥으로 밀어넣은 것이다. 특수 작전으로 명명된 무력 침략으로 시작된 우크라이나-러시아 전쟁은 헤어나기 힘든 늪으로 빠져들고 있다.

친유럽 세력이 장악한 젤렌스키 정부의 민스크 협정 무시와 파기, 네오 나치 성향의 극우 정당과 지지 세력의 우크라이나, NATO의 편향적 자아도취는 계속되고 있다. 미국이 의도하지 않은 전쟁의 결과 미국의 이익을 위한 파괴는 계속되고 있다. 이도 저도 못 하고 쩔쩔매는 NATO는 쇠락하는 중증환자의 형색이 되어가고 있다.

위대한 러시아 부활을 꿈꾸는 푸틴의 확장 정책은 크림반

도와 조지아에 대한 전격적인 침공으로 시작되었다. 미국
이 주도하는 NATO의 오만과 독선, 어리석은 젤렌스키가
빚어낸 혼돈의 우크라이나 전쟁은 무질서와 파괴, 아비규
환의 지옥이다.

# 한·미·일 – 북·중·러
# 대결로 치닫는
# 재앙의 서막

## 믿을 수 없는 미국, 중국의 자신감

우크라이나–러시아

전쟁을 계기로 북·중·러와 한·미·일의 냉전적인 대결과 충돌이 예견된다. 푸틴 러시아 대통령의 북한 방문으로 체결된 북러 포괄적 동반자 협정에 따라 북한은 핵보유국 지위를 더욱 강화하고 나섰다. 북핵을 둘러싼 동아시아의 정세는 11·5 미 대선 결과에 따라 변동성이 격화될 수 있다. 식량 및 에너지 자원과 지정학적 이해관계를 둘러싸고 국제사회의 이전투구는 계속되고 있다.

미국의 백인 우월주의자들(KKK)을 비롯한 기득권층(Deep States)인 네오콘이 벌이는 '바보들의 행진'으로 인해 핵전쟁의 조짐이 모락모락 피어오르고 있다. 그나마 미국을 긴장시킬 상대는 장차 세계 패권의 한 축을 차지할 것으로 예견되는 중국을 비롯하여 러시아·인도·브라질의 브릭스 연합이 될 것이 틀림없다. 미국은 글로벌 패권 야욕에 따른 자충수로 인해 브릭스에서 원천 배제되고 있다.

하지만 세계 평화를 위해서 시진핑의 중국은 미국의 전략적 파트너로 세계 평화와 공존의 지평을 넓혀야 할 것이다.

NATO의 군비 증액은 미국의 군산복합체와 기득권층의 배를 불리고 있다. 지금은 미국이 NATO를 주도하여 EU와 한몸처럼 굴지만, 미국은 언제든지 NATO를 탈퇴할 수 있다. 트럼프가 외치는 주장이 바로 그것이다. 미국 밖의 일이야 신경 쓰지 말고 안에서 우리끼리 잘살자는 것. 트럼프는 터무니없는 거짓말과 증오의 막말을 입에 달고 사는 것이 일상이어서 신뢰할 인물이 못 되지만, 절반에 가까운 미국민의 지지를 받고 있다는 점에서 가볍게 보아 넘길 일은 아니다.

중국은 미국의 압박에 한발 물러선 태도를 보이지만, 러시아와의 전략적 동맹을 강화하고 사우디아라비아·이란·베네수엘라·브라질·인도와 같은 자원 부국들과의 경제 동맹으로 원자재와 식량을 국제 시장에서 값싸게 중국 위안 화로 결재할 수 있는 길을 텄다. 프랑스와 같은 불안정한 EU 일부 국가들과 경제와 문화 분야에서 동반자적 관계를 맺는 부수의 외교적 승리도 챙기고 있다. 남미와 아프리카를 비롯한 다수의 제3세계 국가들이 경제 · 군사 등의 분야에서 중국을 모범으로 삼는 것도 중국의 자신감을 높이는 요소다.

## 미국을 업은 일본의 꿈, 다시 패권국으로

일본이 정치 · 경제를 넘어 군사 안보에서도 미국과 밀착할 수밖에 없는 상황은 태평양 전쟁 패배로 미국에 점령당한 이후 벌어진 일련의 조치와 이후 미국의 태평양 패권전략 전진기지 역할을 해온 역사로 보아 태생적이다. 한국은 패전국은 아니고 반대로 일본의 패전 덕분에 해방을 이루었지만, 미국과 밀착할 수밖에 없는 현실은 일본과 크게 다르지 않다. 그래서 한미 동맹과 미일 동맹은 어느 국제 관계보다 끈끈한 역사를 이어오고 있지만, 지금껏 한·미·일 동맹이 이루어지지 않은 데는 엄연한 이유가 있고, 그 이유는 반드시 풀고 가야 할 역사적 책임이자 과제로 연결된다.

그 근원적인 책임은 미국에도 있지만, 일본은 그 책임의 직접 당사자로서 문제를 풀어야 하는 의무가 있다. 일본은 가해자고 한국은 피해자인데 가해자가 피해자에 대한 정당한 사죄와 배상을 어물쩍 넘기려 하면서 자신의 범죄 역사마저 부정하고 왜곡까지 한다.

이런 마당에 피해자더러 과거는 잊어버리고 미래로 나아가자고 한다. 그러면서 양측의 사이가 좋아지지 않는 것을 두고 피해자 탓을 한다. 자기들은 할 바를 다했는데 피해자가 지나치게 억지를 부리면서 과거에 얽매여 있어서 그런다는 것이다. 더구나 엄연히 한국의 영토인 독도를 자기 땅이라고 우겨 쟁점화하고 있는 마당이니 일본은 한국과 사실상 적대적 관계에 있다. 실제로 일본 해상자위대가 독도의 안보를 위협하고 있는 현실이다. 그런데 한일 군사동맹이나 한·미·일 군사 동맹이 가당키나 한 일인가.

**용서를 비는 손이 없는데 우리가 무슨 손을 잡고 용서를 베풀고, 진정으로 뉘우치며 내주는 어깨가 없는데 우리가 어떻게 화해의 어깨동무를 한단 말인가.**

미국과 러시아, 일본, 남북한은 동해(East Sea)을 공유한다. 최근 미 국방부는 한·미·일 합동군사훈련 중에 동해를 일본해(Sea of Japan)로 표기해서 우리의 공분을 샀다. 한국은 동해, 일본은 일본해, 미국은 공동 표기를 하는 것이 관례로 굳어져 왔다.

그러나 가까운 역사만 들춰봐도 독도가 엄연히 조선의 영토인 것은 물론 동해는 일본 쪽에서도 '조선해'로 인정한 증거가 차고 넘친다. 일본의 모든 주장이 일본의 한국 강점을 기점으로 이루어진 날조라는 사실을 역사학자 김문길 박사(한일문화연구소장)가 일본 쪽 문헌을 통해 밝혀내기도 했다.

일본 쪽 문서란 1996년에 간행한 일본 국립 공문서관 내무성 문헌 기록서 《竹島考(죽도고)》의 기록이다. 1696년경 기사에 "독도는 조선 땅이니 일본 어선이 독도에 들어가지 못하도록 금지령을 내린다"는 문구가 있다. 또 17세기 무렵부터 일본 상선들이 일본 오키도에서 조선 송·죽(울릉도·독도) 두 섬을 오가면서 "조선해에서 출항해 에죠지(홋카이도)에 갈 때 시모노세키에서 출항하여 동북 18리 송죽에 도착했다"는 기록도 있다. 그뿐 아니다. 김 박사는 안용복(부산 동래 사람), 박어둔(울산 사람)이 독도를 지키다가 울릉도에서 일본으로 납치되어 간 1693년 무렵 일본에서도 공인된 《대어국환경해사도(大御國環海私圖)》에도 '동해'로 명기된 사실을 밝혀냈다.

사실 일본이 독도를 자기네 땅이라고 우기는 데는 1951년 9월 샌프란시스코에서 서명하여 이듬해 4월부터 발효된 샌프란시스코강화조약(대일평화조약)의 '영토' 항목을 근거로 삼는다. 하지만 내용을 자세히 뜯어보면 그마저도 억지라는 걸 금세 알 수 있다.

제2차 세계대전 전승국 미국을 비롯한 48개 연합국은 패전국 일본을 상대로 침략 전쟁에 대한 책임을 청산하고 동아시아 평화 체제를 구축하기 위해 샌프란시스코강화조약을 체결했는데, 그 조약이 오늘날 동아시아 영토 갈등의 원인으로 지목된다. 샌프란시스코강화조약을 통해 가해국임에도 최대 수혜국이 된 일본이 적반하장으로 이 조약을 빌미 삼아 식민지 수탈과 침략 전쟁 책임을 부인하면서 모든 반목과 갈등이 빚어지고 있기 때문이다.

말했다시피 일본은 독도 영유권을 주장할 때 그 근거 중 하나로 이 조약을 활용하는데, "일본은 한국의 독립을 인정하고, 제주도, 거문도 및 울릉도를 포함한 한국에 대한 모든 권리, 권원 및 청구를 포기한다"는 한국의 독립과 영토 관련 조항이다.

그런데 1947년에 작성된 조약 초안에는 위에 언급된 섬들과 함께 독도도 명기되었다. 이는 연합군이 제작한 지도 등에서도 확인되는 사항인데, 미국의 입김이었는지 1949년의 개정판에서 독도가 일본의 영토 항목으로 이전되었다가 1951년 6월의 개정판에서는 일본의 영토에 대한 항목이 통째로 삭제되었다. 이에 한국 정부가 독도와 파랑도(이어도)를 문장에 추가해달라고 요구했지만 거부당했다. 결국, 최종판에서 위의 문장으로 굳어진 나머지 일본이 억지를 쓸 빌미를 남기게 된 것이다. 그렇다고 하더라도 "제주도, 거문도 및 울릉도를 포함한 한국에 대한 모든 권리"라는 문장에서 "모든 권리"라고 했으므로 여기에 명기된 섬 외에 한국의 모든 부속 도서를 포함한다는 것은 상식이다. 더구나 독도는 울릉도에 속한 섬으로, 울릉도라면 당연히 독도도 포함된다.

일본의 주장대로 독도가 명기되지 않았으므로 돌려주지 않아도 된다는 논리에 따른다면 왜 일본은 유독 독도만 문제 삼고 "제주도, 거문도 및 울릉도"를 제외한 다른 수천 개의 섬은 문제 삼지 않는 걸까? 이것만 봐도 일본이 독도를 자기네 땅이라고 우기는 근거는 한순간에 설 자리를 잃고 만다.

이처럼 가해자인 일본이 식민 지배와 침략 전쟁의 과거사를 인정하고 사죄하기는커녕 숨기거나 부인하거나 왜곡하거나 나아가 합리화하기에 바쁜데 피해자인 우리가 어떻게 용서와 화해의 손을 내밀 수 있단 말인가. 용서를 비는 손이 없는데 우리가 무슨 손을 잡고 용서를 베풀고, 진정으로 뉘우치며 내주는 어깨가 없는데 우리가 어떻게 화해의 어깨동무를 한단 말인가.

그런데도 윤석열 정부는 지금까지의 모든 과거사 청산 노력을 무시하거나 무위로 만들고 일본 앞에 납작 엎드려 외교를 구걸하는 것으로 부족했는지 '한·미·일 군사 동맹'이라는 재앙을 불러들이려 한다. 지금껏 보수, 진보 정권을 막론하고 이것만은 한사코 손사래를 쳐온 이유가 있다.

일제의 식민 지배를 겪은 지 수백 년 지난 바도 아니고 이제 겨우 80년이 지났을 뿐으로, 아직 당대의 일이다. 게다가 일본은 아직도 군국주의 향수에 젖어 동아시아 패권을 꿈꾸는 매우 위험한 국가다. 더구나 일본은 (현재의 명시적인 군비에서는 한국보다 낮은 규모지만) 첨단 무기 체계나 방산 기술에서는 미국에 버금갈 정도로 위력적일뿐더러 잠재적인 군비에서는 한국을 압도할 정도의 군사 강국이다. 최근 들어서는 핵무장을 공공연하게 주장하는 목소리가 커지고 있다. 일본의 기술력으로 보면 핵무장이 그다지 어려운 일도 아니다. GDP가 한국의 2.3배나 되는 일본이 마음만 먹으면 당장이라도 한국 군사비의 몇 배를 사용하는 것은 어려운 일이 아니다.

이런 일본이 가장 바라는 시나리오는 한반도 유사시 자위 대가 한반도에 상륙하는 것이다. 이런 상황이 되면 우리는 또다시 일본의 국권 침탈 위협에 놓일 수 있다. 그러므로 (과거사 문제가 아니라도) 우리의 안보를 생각한다면 한일 군사 동맹은 물론이고 한·미·일 군사 동맹도 거론조차 해서는 안 되는 일이다.

## 현실이 되어가는 한·중·일-북·중·러 대결 구도

우크라이나-러시아 전쟁을 계기로 북중러가 밀착하자 미국이 태평양(오세아니아)에서 인도양(인도)으로 이어지는 인도·태평양 전략 구축을 더욱 강화하고 나섰다.

다자간 동맹인 미국 중심의 나토와 소련 중심의 바르샤바 조약기구가 날카롭게 대립함으로써 동서 진영 간의 대립이 확연했던 유럽과는 달리 동북아의 동맹 구조는 양자 중심으로 짜였다. 한국 전쟁을 거치면서 미국은 일본에 이어 한국과 차례로 상호방위조약을 체결했다. 하지만 한국과 일본은 수교조차 하지 못하고 있었다. 북한도 1960년대 들어서야 소련애 이어 중국과 상호원조조약을 체결했지만, 3자 간의 공식 동맹은 없었다. 오히려 1950년대 후반부터 중소 분쟁을 비롯하여 북중소 3자 관계에 틈이 가기 시작했다.

한·미·일 삼각 동맹이 현안으로 떠오른 시기는 1960년대 들어서다. 소련이 태평양으로 세력을 확장하고 중국이 핵무기를 개발하는 가운데 베트남 전쟁 개입을 앞둔 미국은 한·일 관계 정상화를 강력히 요구했다. 미국이 주도하는 한·미·일 협력 체계를 구성해야 공산 진영의 팽창에 효과적으로 대처할 수 있다고 본 것이다. 1965년의 한일 협정은 미국이 그 배후다. 그러던 중에 극적인 반전이 일어났다. 국제 관계에는 영원한 적도 친구도 없다더니 정말 그랬다.


**우크라이나-러시아 전쟁까지 터져 장기화하는 가운데 미국과 일본으로서는 참으로 고맙게도 덮어놓고 미국과 일본을 숭상하는 윤석열 정부의 등장으로 한미일 군사 안보 동맹을 구축할 절호의 기회를 맞게 된 것이다. 이로써 처음으로 한미일에 맞선 북중러의 대결 구도가 현실화하고 있는 것인데, 이는 한반도의 평화 체제 구축에는**

재앙일 수밖에 없다. 유사시 양 진영의 어마어마한 무력이 맞부딪힐 전쟁터는 한반도가 될 것이 뻔하기 때문이다. 그래서 김대중 정부가 한사코 이런 군사적 대결 구도를 회피하고자 했던 것이다.

1970년대 들어 베트남 전쟁에서 패색이 짙어진 미국은 중국과 소련을 향해 화해 신호를 보냈다. 이를 포착한 일본은 미국에 앞서 1972년에 중국과 수교를 맺었다. 미국 역시 대만과 단교하고 중국과 관계를 정상화했다. 비록 일회성 화해 이벤트로 끝나고 말았지만, 남북한도 특사 교환과 회담을 통해 1972년에 7·4 남북공동성명을 채택하여 남북관계의 획기적인 변화를 예고했다. 북중소 관계도 파란이 일었다. 1960~1970년대 중소 관계가 최악으로 치달으면서 1950년에 체결한 중소 조약은 유명무실해졌다가 급기야 1980년에는 그 효력이 정지됐다. 중·소 갈등이 표면화되자 북한은 그 사이에서 등거리 외교를 통해 실리를 구했다.

인도·태평양을 두고 벌어지는 오늘날의 각축전을 보면서 한·미·일 남방 삼각 동맹과 북중소 북방 삼각 동맹이 진작부터 있었을 것으로 착각할 수도 있겠지만, 실상은 그 반대였다. 1970년대 초부터 소련이 몰락하기 직전인 1990년대 초까지 20년간은 소련을 '공동의 적'으로 삼아 미·중·일이 전략적으로 제휴하던 시기였다. 이후 남북한의 외교적 판도가 확연히 갈렸다.

한국은 소련과 중국을 비롯한 공산권 국가들과 잇달아 수교하면서 북방 외교 시대를 활짝 열었지만, 북한은 미국 및 일본 등과 수교하지 못하면서 남방으로의 길이 막혔다. 미국은 유일한 초강대국이 되고, 소련 해체 후 독자 출범한 러시아 연방은 내부 혼란을 수습하느라 주변을 돌볼 겨를이 없었다. 개혁개방에 나선 중국이 한미일 등 자본주의 세계와 활발한 교역을 통해 놀라운 경제 성장을 구가하는 사이에 국제사회에서 외톨이가 되다시피 한 북한은 '고난의 행군'에 들어가야 할 만큼 곤궁했다.

미국은 1990년대 말에 한·미·일 삼각 동맹 카드를 다시 꺼내 들었다. 미국은 북한위협론을 명분으로 MD 체계(미사일 방어체계)를 패권 전략의 핵심으로 삼으면서 한국과 일본의 참여가 필요하다고 여겼다. 이때 한국과 일본의 선택이 엇갈렸다. 일본은 참여를, 한국(김대중 정부)은 불참을 선언했다. 이때 한국은 선택적 전략을 구사하여 일본의 잠재적 위협을 사전에 차단했다. 김대중 정부는 한일 관계 개선을 추구하면서도 일본의 군사 대국화 움직임에 대해서는 강하게 제동을 걸었다. 김대중 정부는 한일 외교 협력은 얼마든지 환영했지만, 한일 군사 협력에 대해서는 분명하게 선을 그었다. 그 대안으로 김대중 정부는 포용 정책에 기반을 둔 한미일의 대북 정책을 제안하고, 중국과 러시아도 참여하는 동북아 평화 체제를 구축의 필요성을 역설했다. 이 구상은 노무현 정부로 계승되어 그 실현 가능성을 높였다.

김대중 대통령은 한국이 MD 체계에 참여할 경우 일어나게 될 사태를 내다보고서 고심 끝에 불참을 결정한 것인데, 보수 정권이 들어서서 MD 체계에 참여한 이후 염려하던 사태가 벌어졌다. 미국은 MD 체계를 북한을 대상으로 한 것이라고 명시했지만, 실은 중국과 러시아를 잠재적인 적으로 삼은 것이었다. 중국과 러시아가 이를 모를 리 없었다. 이때부터 한·미·일에 맞선 북중러의 갈등이 구조화되기 시작하면서 반목의 골이 깊어졌다.

이때 동북아 정세를 북한 변수가 강타했다. 미국의 적대 정책에 위협을 느낀 북한이 그에 맞서 2003년부터 핵무기 개발을 본격화한 것이다. 북한의 핵무장은 한·미·일은 물론이고 중국과 러시아도 바라지 않았다. 그래서 6자회담이 성사됨으로써 MD 체계를 둘러싼 반목을 넘어 북핵 문제를 해결하고 동북아에 어른거리는 신냉전의 기류를 불식할 것으로 기대되었다.

하지만 상황은 기대와는 엉뚱한 방향으로 흘렀다. 2008년에 북한의 김정일 국방위원장이 쓰러지고, 한국의 이명박 정부는 북한의 붕괴에 따른 흡수 통일 실현을 기대하면서 사실상 북한과의 협상 의지를 접고 말았다. 게다가 금융 위기가 미국을 비롯한 서구 세계를 강타한 시점에 조지 W. 부시 행정부를 대체한 오바마 행정부는 (미국이 이라크 전쟁과 아프가니스탄 전쟁의 늪에 빠져 허덕이는 사이에) 급속하게 부상한 중국을 견제하는 것이 더 급해졌다. 그래서 미국은 (중국 좋은 일만 시킬지 모를) 6자회담을 재개하기보다는 한미일 군사 협력 체계를 강화하는 쪽으로 방향을 틀었다.

미국의 이런 전략적 선회는 "뼛속까지 친일"이라는 평가를 받던 이명박 대통령의 의중과도 잘 맞아떨어졌다. 그렇게 6자회담의 기류가 꺼지자 한동안 잠잠했던 북한의 핵무장 활동이 재개되기 시작했다. 오바마 행정부는 겉으로는 이를 규탄하고 제재했지만, 속내는 반기는 분위기였다. 당시 국무장관이던 힐러리 클린턴이 훗날 비공개 강연에서 "북한이 주기적으로 문제를 일으키지만, 이를 굳이 나쁘게 볼 필요가 없으며 오히려 미국으로서는 반겼다"고 솔직하게 털어놓았다. 북한의 위협을 구실 삼아 사실상의 한·미·일 군사 동맹을 추진할 수 있다고 생각했기 때문이다.

그러자 북한을 대하는 중국과 러시아의 태도도 확연히 달라졌다. 2017년 이후로는 북한의 핵실험에 대한 대북 제재 동참을 거부하고 나아가 추가 제재에 반대하고 나섰다. 미국의 태도가 돌변하기 전까지는 중국과 러시아도 북핵 문제 해결에 협력할 의사가 있었지만, 동북아의 정세가 신냉전의 기류로 쏠리면서 우선순위가 바뀌어 북핵 문제보다는 동북아 세력 균형 문제가 훨씬 중요해진 것이다. 중국과 러시아는 북한을 대하는 관점을 바꿔 핵무장 제재 대상에서 세력 균형의 파트너로 보게 된 것이다.

상황이 이런 데다가 우크라이나-러시아 전쟁까지 터져 장기화하는 가운데 미국과 일본으로서는 참으로 고맙게도, 덮어놓고 미국과 일본을 숭상하는 윤석열 정부의 등장으로 한미일 군사 안보 동맹을 구축할 절호의 기회를 맞게 된 것이다. 이로써 처음으로 한·미·일에 맞선 북·중·러의 대결 구도가 현실화하고 있는 것인데, 이는 한반도의 평화 체제 구축에는 재앙일 수밖에 없다. 유사시 양 진영의 어마어마한 무력이 맞부딪힐 전쟁터는 한반도가 될 것이 뻔하기 때문이다. 그래서 김대중 정부가 한사코 이런 군사적 대결 구도를 회피하고자 했던 것이다.

동북아시아의 이런 복잡한 정세의 속내를 아는지 모르는지 윤석열 대통령은 오로지 마이 웨이, '가치 외교'만 외치며 그길로 직진이다. 무식하면 용감하다더니 꼭 그 짝이다. 취임식에서부터 "자유와 인권의 가치에 기반한 보편적 국제규범을 지지하고 수호하는 리더 국가"를 천명하더니 유엔 총회를 비롯한 해외 순방 연설 때마다 어김없이 '가치 외교'를 외친다.

사실 '가치 외교'는 미국이 원조지만 실질이 아닌 명분으로만 써먹어서 거짓 구호의 상징이 된 지 오래다. 그것을 2006년에 아소 다로 일본 외무상이 리메이크하여 정책 연설에 써먹었다. 아베 신조 당시 총리의 대외 정책을 요약한 이 연설은 일본이 동남아에서 동북아, 유라시아 대륙에 걸쳐 "가치외교에 기반한 자유와 번영의 벨트를 만드는 데 앞장서겠다"는 구상이 핵심이다. 일본이 미국과 함께 "민주주의,

자유, 인권, 법치, 시장경제 같은 보편적 가치"를 추구하는 나라들을 모아 중국을 견제하겠다는 것이다.

하지만 일본의 식민 지배나 침략 전쟁을 겪은 아시아 주변 국들은 일본이 가까운 과거에 저지른 범죄조차 반성은커녕 인정하지도 않으면서 자유와 인권과 같은 보편 가치의 수호자를 자처하자 코웃음을 쳤다.

그러나 미국이 이 제안을 기다렸다는 듯이 반김으로써 15년 뒤 인도·태평양경제협력체제의 탄생으로 이어졌다. 하기야 미국이라면 일찍이 20세기 초에 일본과 밀약(가쓰라-태프트 밀약)을 맺어 아시아의 식민지를 나누어 가진 오래된 이익 동맹이니, 이해가 가고도 남는다.

# 깡패 국가
# 미국의 실체와
# 중국의 딜레마

## 전쟁으로 만들어지고 전쟁으로 팽창하는 국가

미국의 조지 W.부시는 대통령 재임 시절에 '불량 국가(rogue state)'라는 말을 즐겨 썼다. 북한을 비롯하여 이란, 쿠바, 시리아 등 테러를 일삼거나 배후에서 테러를 지원한다고 여기는 국가를 두고 일컫는 말이었다.

그러나 미국은 한술 더 떠 '깡패 국가'라는 비난을 들어온 처지다. 그런 미국이 평화와 정의의 사도를 자처하고 있으니, '힘이 곧 정의'라는 말이 바로 그 짝이다. 미국의 '깡패 국가' 평판을 책으로 정리해 펴낸 사람이 다름 아닌 미국 고위관료를 지낸 클라이드 프레스토위츠다. 그는 레이건 행정부에서 통상부장관 자문위원을 지낸 고위 외교관 출신이다.

아메리카 대륙 원주민 학살을 시작으로 미국이 벌인 무수한 전쟁은 독립전쟁을 비롯한 몇몇 전쟁을 제외하고는 모두 세력 팽창을 위한 정복 전쟁이어서 '더러운 전쟁' 으로 불린다. 국제정치평론가 김민웅 교수가 지적한 대로 "아메리카 제국은 전쟁으로 자신을 구현한다. 평화는 제국의 적이 되고 제국은 평화의 적이 되고 있다."

미국의 경제학자 스콧 니어링은 일찍이 아메리카 제국주의 연구를 통해 "아메리카 제국의 기초는 전쟁"임을 밝혔다. 미국의 법학자 제프리 페렛은 미국을 "전쟁으로 만들어진 국가"로 규정한다. 보스턴대학교의 앤드루 바세비치 교수는 《아메리카 제국》에 이어 최근에 발표한 《새로운 미국의 군사주의》에서 미국 전체가 얼마나 전쟁에 집착하고 있는지를 보여준다. 미국의 저명한 역사가 하워드 진은 "미국의 역사는 곧 전쟁사"임을 증언한다.

아메리카 대륙 원주민 학살을 시작으로 미국이 벌인 무수한 전쟁은 독립전쟁을 비롯한 몇몇 전쟁을 제외하고는 모두 세력 팽창을 위한 정복 전쟁이어서 '더러운 전쟁' 으로 불린다. 국제정치평론가 김민웅 교수가 지적한 대로 "아메리카 제국은 전쟁으로 자신을 구현한다. 평화는 제국의 적이 되고 제국은 평화의 적이 되고 있다." 미국이 '깡패 국가'로 불리기 시작한 것은 지구온난화 방지를 위한 교토의정서 서명을 거부한 2001년 이후부터지만, 미국이 '더러운 전쟁'으로 '깡패 국가' 소리를 듣는 배경에는 중동과 남미를 비롯한 주요 산유국의 석유가 있다.

미국이 (통킹만 사건을 조작하여 북베트남을 침공한 것처럼) 전쟁 명분을 조작하면서까지 이라크를 침공한 것도 속셈은 석유 때문이다.

## 미국은 정말로 한반도 평화 체제 구축을 원할까?

미국은 북미관계 개선과 한반도 평화 정착을 위해 노력한다지만, 결정적일 때마다 묘한 구실로 판을 깼다. 미국의 진정성을 의심할 수밖에 없는 정황과 증거는 차고 넘친다. 그렇다면 왜 미국은 북미 관계 정상화를 내켜 하지 않고, 한반도의 항구적 평화 체제 구축에 적극적으로 나서기는커녕 한국 정부의 노력조차 견제하는 걸까?

먼저 미국은 자유와 인권을 중시해온 국가인데 독재 국가이자 불량 국가인 북한과 선린 관계를 맺을 수 없다는 논리다. 그래서 미 의회는 북미 수교의 전제 조건으로 비핵화뿐 아니라 인권 개선 조치, 위조화폐와 마약 유통 등의 불법 행동 중단, 미사일과 생화학무기 등 대량살상무기 개발 금지 등을 내걸었다.

그렇다면 미국이 거리낌 없이 수교하고 지원해온 수많은 독재 국가는 그런 문제가 전혀 없다는 건가. 오늘날 미국이 국교를 맺은 국가 가운데 자유와 인권과는 거리가 먼 국가가 수두룩하다. 그렇다면 미국이 북한에 내건 조건은 그동안 벌여온 미국의 행태를 보면 설득력이 전혀 없다. 미국은 그저 자국의 국익에 도움이 된다면 어떤 나라와도 국교를 트고 어떤 짓도 서슴지 않았다. 암살이든 테러든 전쟁이든 수단을 가리지 않았다.

또 임기 4년의 미 행정부로서는 북미 관계 정상화가 비용 대비 편익을 따지면 그다지 매력이 없다는 것도 이유다. 미 행정부가 북한과 수교하려면 의회와 여론의 거센 반대를 넘어야 하는데 그 대가로 얻는 편익이 너무 작고 위험 부담은 너무 크다는 것이다. 그러나 미국이 북핵 문제를 계속 내버려 뒤서 동북아에서 핵확산이 일어나면 세계 핵확산 억제 질서(NPT)가 무너져 미국의 국익이 크게 손상된다는 점을 알아야 할 것이다.

또 다른 하나는 미 행정부로서도 이미 다루기 어려운 문제가 되고 말았는데, 미국의 군산복합카르텔이 북미 관계 정상화를 집요하게 방해한다. 군산복합카르텔로서는 분쟁이나 전쟁 있는 데에 이익이 있다. 그들에게 군사적 갈등과 전쟁은 다다익선이다. 북한의 군사 위협은 동북아에 위기를 높여 군비를 증강하게 만들고, 이는 곧 미국산 무기 수입으로 연결된다. 미 행정부의 문턱을 넘더라도 미 의회라는 더 높은 벽이 가로막고 있어서 북미 수교는(반드시 그리고 시급히 필요하지만) 어려운 과제다. 미 의회는 군산복합카르텔의 로비에 사로잡힌 볼모 신세이기 때문이다. 미국에서 총기 난사로 오랫동안 그토록 많은 무고한 시민이 죽어 나가도 총기 규제를 하지 못하는 속사정은 전미총기협회의 로비에 사로잡힌 미 의회의 실상을 알면 이해가 간다.

남북 간에 화해 분위기가 무르익어갈 때 군산복합카르텔이 방해한 사례는 무수하다. 일례로, 2018년 11월 평창 동계올림픽을 계기로 남북 관계에 봄볕이 들던 하필 그 순간에 〈뉴욕타임스〉는 CSIS(국제전략연구소)가 북한의 미신고 미사일 기지 13곳을 발견했다고 보도했다. 남북한의 반목과 분쟁을 바라마지 않는 일본 우익이 CSIS의 최대 후원자라는 사실을 안다면 군산복합카르텔의 방해 책동을 음모론만으로 치부할 수는 없을 것이다.

무엇보다 결정적으로는, 미국으로서는 한반도가 분단된 채 남북이 대치하는 상황이 미국의 국익에 가장 좋다는 인식이다. 조금만 깊이 생각해보면 지극히 상식적인 추론이고, 지금까지의 미국의 행태가 그런 인식을 잘 보여준다. 한반도가 통일되거나 적어도 항구적인 평화 체제가 구축되면 한반도에 미군이 주둔할 명분이 사라진다. 그러면 한반도는 어느 쪽으로도 치우치지 않는 중립지역으로 남게 되어 동북아와 인도·태평양에서 미국의 패권 전략이 상당한 차질을 빚을 수밖에 없다. 이는 미국의 국익을 크게 손상하는 상황이다.

그래서 결론은 미국이 북미 관계 정상화에 소극적이고 종전 선언에 미온적일 수밖에 없다는 것이다. 그렇다면 평화가 절실한 우리는 어떻게 할까? 미국에 한반도 분단의 역사적 책임을 지는 차원에서 평화 체제 구축을 적극적으로 지원하라고 촉구한다고 해서 귓등으로도 들을 미국이 아니다. 가장 좋은 방법이기도 하고 유일한 방법은 장기적으로는 국력을 키워 발언권을 키우는 것이지만, 당장은 적극적인 등거리 외교를 통해 미국을 긴장시키고 압박하는 것이다. 지난날 김대중 정부가 바로 그런 외교 전략으로 클린턴 행정부를 압박하고 설득시켜 남북 교류와 협력을 실현하고 남북정상회담까지 성사시켰다. 부시 행정부의 대북 강경 정책을 6자회담 등의 유연 정책으로 방향을 바꾼 것도 노무현 정부의 주체적이고 다면적인 외교 전략 덕분이었다.

## 미국은 미국의 이익만을 위해 존재

"미국에는 영원한 적도 영원한 친구도 없다. 오직 국익만이 존재할 뿐"이라고 한 사람은 1970년대 미 국무장관으로서 외교 정책을 좌지우지한 헨리 키신저다.

어느 나라든 무엇보다 자국의 이익을 우선하는 것은 당연하듯이 미국도 다를 바 없다. 그러니 그런 이유로 미국을 비난할 바는 아니지만, 어떤 경우든 외교에서 그런 본질을 간과해서는 안 된다는 것이다. 그러니 상대가 미국이든 일본이든 '가치 동맹' 같은 허울에 매몰되지 말고 냉정한 현실 인식을 토대로 외교 안보 전략을 구상하고 실행해야 한다.

최근 가자 전쟁에 대한 미국 대학생들의 항의 시위가 이어지는 가운데 미군 장교가 "부끄러움과 죄책감을 느낀다"며 사임했다. 미 국방정보국(DIA) 소속의 해리슨 만 소령은 "지난 6개월간 무고한 팔레스타인인 수만 명을 죽이고 굶주리게 하는 것을 방조한 (미국 정부의) 전폭적인 이스라엘 정부에 대한 지지 문제가 마음속을 떠나지 않고 있었다"고 밝히면서 가자 전쟁의 끔찍한 참상을 지켜보면서 사임을 결심했다.

이전에도 두 명의 미 국무부 직원이 가자 전쟁에서 통상적인 절차를 생략하면서 이스라엘에 무기를 댄 미국의 처사를 비판하거나 미국이 집단 학살을 돕고 있다고 비판하며 사임했다. 지난 2월에는 미 공군 병사가 워싱턴의 이스라엘대사관 앞에서 전쟁 종식을 요구하며 분신자살하는 일이 벌어지기도 했다.

## 중국의 딜레마

시진핑 중국 국가주석은 2022년에 불문율을 깨고 3연임을 강행함으로써 강력한 일인 지도 체제를 갖추면서 '시황제'로 불린다. 시진핑 정부는 미국의 안보 위협에 대응하면서 경제 회복에 집중했지만, 주요 경제 변수들이 기대에 어긋나면서 경제 상황이 더욱 악화하고 있어서 중국발 경제 위기의 여파가 어디까지 미칠지 세계 각국이 신경을 곤두세우고 있다.

중국 경제는 성장의 양대 축인 수출과 내수 모두 부진에 빠진 상황이 장기화할 조짐이다. 무엇보다 미국과의 갈등에 따라 외국인 직접투자가 급격히 줄고 있다는 게 나쁜 신호다. 게다가 최근 주요 부동산 개발업체인 비구이위안이 디폴트 위기를 맞으면서 도미노 우려가 다시 번지고 있어 경제 회복에 걸림돌이 되고 있다. 중국 부동산 시장은 국내총생산의 25%를 차지할 만큼 경제 비중이 커서 도미노로 붕괴할 경우 금융 부문까지 심각한 타격이 우려된다. 최근 중국의 부동산 상황은 1980년대 부동산 거품이 터진 후의 일본 상황이 연상될 정도로 심각하다. 미국의 바이든 대통령도 "중국 경제는 세계를 위협하는 시한폭탄과 같다"며 중국의 경제 악화

논란을 부채질했다.

**미국은 중국을 '전략적 경쟁자' 로 규정하고 반도체 등 첨단기술의 중국 이전을 규제하고 세계 공급망을 개편함에 따라 중국 경제의 활로를 틀어막고 있다. 개혁 개방 이후 욱일승천하던 중국의 국가자본주의는 최대 위기에 봉착했다. 세계 패권 전략의 교두보로 경제를 성장시켜온 것인데, 그 패권 전략으로 인해 경제의 발목이 잡히는 딜레마에 빠지게 된 것이다.**

이처럼 중국 경제가 사면초가에 몰린 것은 코로나 봉쇄와 부동산 거품 방치의 영향도 크지만, 일대일로의 팽창 정책에 더해 공세적인 대미 정책을 추진하다가 미국의 역공을 맞는 것이 결정적이다. 미국은 중국을 '전략적 경쟁자' 로 규정하고 반도체 등 첨단기술의 중국 이전을 규제하고 세계 공급망을 개편함에 따라 중국 경제의 활로를 틀어막고 있다. 이런 가운데 설상가상으로 외국 기업들이 지정학적 위험을 회피하기 위해 중국에서 대거 이탈하여 인도 등으로 사업을 옮겨 중국을 대신하고 있다. 개혁개방 이후 욱일승천하던 중국의 국가자본주의는 최대 위기에 봉착했다. 세계 패권 전략의 교두보로 경제를 성장시켜온 것인데, 그 패권 전략으로 인해 경제의 발목이 잡히는 딜레마에 빠지게 된 것이다.

한편에서는 중국 경제가 조만간 회복되리라는 주장도 나온다. 중국은 1978년 개혁개방 이래 수차례의 경제적 고비를 모두 극복하고 경이로운 성장을 이루어왔다. 그러니 이번에도 거대한 내수 시장을 바탕으로 위기를 극복할 수 있으리라는 것이다. 하지만 그렇게 낙관하기에는 미국의 견제가 워낙 강력하고 시장 상황이 이전과는 사뭇 다른 변화를 보여서 근거가 희박하다.

그런 가운데 최근 대만에서는 독립을 주장하는 차이징거 정권이 등장했다. 시진핑의 '하나의 중국' 원칙과 충돌이 불가피해 보이지만, 양안 관계에 신경을 곤두세운 미국이 인도·태평양에서 남방 국가들과 합동군사훈련을 하는 등 무력시위를 하고 있어 중국의 운신 폭이 그다지 넓어 보이지는 않는다.

그러나 서방과 일본 제국주의의 침탈과 무자비한 살육에 중국은 씻을 수 없는 수모와 치욕의 100년 역사를 뼈에 새기고 있다. 가난과 외세의 침탈에 고통받던 중국은 오랜 잠에서 깨어나 기지개를 켰다. 미래의 새로운 꿈과 소망의 태동을 느끼고 비약을 준비하게 되었다. 그러나 '중국이 세상의 중심'이라는 몽상과 소아병적인 중화사상에 사로잡혀 팽창일로의 제국주의로 나아간다면 중국은 리더 국가로서의 면모를 잃고 일본이나 다를 바 없는 한낱 야만적인 국가로 전락할 것이다. 더구나 중국은 다양한 민족이 번갈아 가며 중원을 차지하고 다양한 문화를 꽃피워온 역사가 있고, 현재도 수백 개의 민족이 한 울타리 안에서 나라를 이룬 대표적인 다민족 국가이다. 그러니 동북공정 같은 편협한 국수주의를 버리고 그런 다양성으로 포용과 평화의 대범한 대외 정책을 펴야 한다. 그것이야말로 진정한 일대일로의 전략에 부합할 것이다.

대한민국과 중화인민공화국의 수교는 1992년에 이루어져 이제 30여 년이 흘렀지만, 역사적으로 보면 한국과 중국은 고대부터 지금까지 수천 년 동안 깊은 교류 관계를 지속해온 가장 가깝고도 오래된 이웃이다. 어림잡아 5천 년 역사다.

중국과 우리 그리고 일본은 문화사적으로 보면 하나의 강줄기다. 인도에서 태동한 불교는 중국에서 한 차례 더 변모하여 한반도를 거쳐 일본으로 흘렀다. 중국에서 태동한 유교는 한나라 때 국교로 지정되어 세를 얻고 송나라 때 정립된 주자학이 조선으로 흘러 통치 이념으로 군림했다. 율곡 이이와 퇴계 이황에 이르러 면모를 일신한 주자학은 일본으로 흘러 일본 유학의 큰 줄기가 되었다. 중국에서는 청나라 때 주자학을 밀어내고 양명학이 성행했는데, 우리나라에서는 조선 후기에 전해진 그 양명학이 주자학을 대체하지 못한 것은 불운이다.

이 땅을 혼란과 무기력의 길로 이끈 주자학은 송시열에 이르러 중화에 목을 매는 사대사상이 극도에 이르러 소중화를 자처하면서 더욱 우물 안 개구리가 되었다. 맹목적인 쇄국의 한길로 치달은 위정척사의 효시 송시열의 주자학은 길을 잃고 조선을 쇠망으로 이끌었다.

주자학 근본주의 늪에 빠진 조선은 끝내 자강의 계기를 마련하지 못한 채 안마당이 청일 간, 러일 간의 전쟁터가 되는 꼴을 넋 놓고 바라보아야 했다. 영국과 동맹을 맺은 일제는 청나라와 러시아를 딛고 미국과의 밀약을 업은 채 조선을 병탄하고 만주를 점령한 데 이어 중국과 동아시아 전체를 겨냥했다.

이에 한중 양국은 마냥 당하고만 있지는 않았다. 일제의 침탈이라는 공동 운명에 놓인 중국은 대한민국임시정부의 독립전쟁을 지원하고 공동 항일투쟁에 나섰다.

그러는 가운데 국공 내전에서 패퇴한 장제스의 국민당 정부는 대만으로 쫓겨나고 마오쩌둥이 이끄는 공산당이 대장정의 여정 끝에 최종 승리함으로써 1949년에 중화인민공화국이 들어섰다. 역사는 가정이 소용없다지만, 미국의 원조를 업어 압도적인 전력을 자랑하던 장제스의 정예 국민군이 주로 농민으로 구성된 엉성한 마오쩌둥의 인민군에 패퇴한 사건은 우리에게는 또 하나의 불행이었다.

그 인민군이 바로 항미원조(抗美援朝)의 명분으로 한국 전쟁에 참전하여 인해전술로 연합군의 1·4 후퇴를 강제했으니, 우리는 통일을 눈앞에 두고 분루를 삼켜야 했다. 마오쩌둥의 인민군은 한국 전쟁에 130만 명이 참전하여 무려 30만여 명의 희생을 치르면서 입술을 지켜냈다. 중화인민공화국은 '입술이 없으면 이가 시리다'는 순망치한(脣亡齒寒)의 말로 조선인민공화국과 협정을 맺어 다진 우의를 지킨 것이다.

그러나 이후 북한의 핵무기 개발 문제로 인해 북한과 중국 간에도 틈이 생겼다. 고난의 행군 기간에 300만 명의 아사자가 발생한 김정일의 북한을 중국은 적극적으로 지원하지 않았다. 유엔 안보리와 미국을 비롯한 서방의 전방위적 제재와 압박에 중국도 운신의 폭이 좁아진 데다가 당시 개혁개방에 온통 정신이 쏠려 북한을 돌볼 여념이 없기도 했다.

　중국은 주변의 수많은 국가와 기나긴 국경선을 맞대고 있다. 태평양으로 열린 남중국해와 동중국해의 해안선은 중국의 야망을 표출시키기에 충분하다. 양안 관계의 상징인 '하나의 중국'은 사회주의 국가 중국의 포기할 수 없는 제일의 국시다. 그러나 그것은 동시에 중국을 위험에 빠뜨릴 수도 있는 양날의 검이다. 엄연히 실존하는 별개의 국가로서 미국의 인도·태평양 전략의 요충이기도 한 대만과 중국의 '하나의 중국' 정책으로 인해 수많은 이해 당사국들은 딜레마에 빠져 부정도 시인도 하지 않는 태도로 이 상황을 모면하고 있다.
　중국은 덩샤오핑의 개혁개방을 계기로 비약적인 경제 발전을 이루고 미국이 경계할 정도로 국력을 키워왔지만, 공산당 일당 독재 체제를 견지해온 정치는 천안문 사태 이후로 민주화와 자유화 요구의 분출을 더욱 강경하게 억압하고 있다.

표현과 언론의 자유가 억압받는 사회는 역동성이 떨어지고 창의력이 쇠퇴하게 마련이다. 국제 사회의 신뢰와 지지를 받기도 어렵다. 당연히 소프트 파워 역량과 문화의 힘도 꽃 피우기 어렵다. 그런 사회의 미래는 암울하다. 중국이 제아무리 경제력과 군사력을 증강하더라도 경직된 사회주의 억압 체제로는 그 옛날 당 제국이나 한 제국의 영광을 재현하기는 어려울 것이다. 고대 제국들의 세계로 뻗은 진정한 힘은 문화에서 나온 것이지 군사력에서 나온 것이 아니다.

오늘날 중국은 AI, 배터리, 드론, 로봇, 전기차, 자율주행차, 신재생에너지(태양광, 풍력 등), 희토류 같은 전략 자원, 소비재 산업의 대량 생산을 발판으로 글로벌 시장 공략에 나서고 있다. 소비재에 관한 한 '세계의 공장'으로 불리는 중국은 글로벌 소비재 공급 시장을 쥐락펴락하고 있다. 미국도 여기까지는 봐주겠는데, 4차 산업의 첨단기술 분야에서까지 중국이 패권적 지위를 차지하는 것은 두고볼 수 없다는 태도다. 그래서 미국의 중국에 대한 첨단산업 견제는 필사적이다. 그런 미국과 중국의 틈바구니에서 우리의 국익을 지키는 최선의 방안을 연구하여 실행하는 것은 고차 방정식을 푸는 것만큼이나 어려운 일이다.

자동차 세계 최대의 생산국이자 소비국인 중국은 테슬라와 손잡고 완전자율주행(FSD)의 선도국을 꿈꾸며 준비에 박차를 가하고 있다. 중국을 대표하는 배터리 회사에서 최대 글로벌 전기차 업체로 성장한 BYD와 핸드폰의 샤오미는 혁신의 아이콘이 되고 있다. 중국은 더는 도광양회의 인내심 뒤로 숨지 않고 경제 패권의 야심을 공공연하게 드러내면서 그 야심을 실현할 계획을 구체적으로 진행하고 있다. 이에 긴장한 미국은 견제의 고삐를 더욱 세게 당기고 있는 형국이다. 이런 미국의 장단에 우리가 일방적으로 놀아나서는 안 되는 것인데, 윤석열 정부는 앞장서서 그 장단에 춤을 추고 있으니 나라가 망조가 들지 않고서야 있을 수 없는 일이다.

중국은 달 남극에 우주선을 착륙시키는 등 우주개발에도 속도를 내고 제3 항공모함을 진수하는 등 미일 합동의 인도·태평양 전략에 무력시위를 하고 있지만, 최근 인민해방군 국방부장, 해군, 로켓군 장군들을 무더기로 숙청하는 등 그동안 잠재해 있던 내부 문제가 불거져 골머리를 앓고 있다. 그런 데다가 미국의 다각적인 제재와 압박, 불안정한 부동산 시장, 장기 불황의 조짐, 소비 절벽과 과잉 생산의 악순환에서 좀처럼 헤어 나오질 못하고 있다.

중국은 전례 없는 사회주의 시장경제의 성공을 이루었다고 자부하지만, 정치 체제와 경제 체제의 불균형에 따른 폐해, 수출과 내수의 급격한 감소, 글로벌 공급망 재편에 배제되는 등 부정적인 상황에 직면하고 있다.

# 최고의 승리는 싸우지 않고 이기는 '평화'

◆

　개인 대 개인의 대결에서 주먹질은 최후의 방편이고, 국가 대 국가의 대결에서도 전쟁은 최후의 수단이다. 싸워서 이기는 것은 아무리 잘해봐야 차선이고, 싸우지 않고 굴복시키는 것이 최선이다. 결국, 갈등은 평화적으로 해결하는 것이 최선이라는 것이다.

　그래서 병법의 최고 고전으로 꼽히는 《손자병법》에서도 "적을 알고 나를 알면 백 번 싸워도 위태롭지 않다"고 하지 "백 번 이긴다"고는 하지 않는다. 백전백승도 최선은 아니라는 통찰이다. 일단 전쟁이 벌어지면 승리하더라도 패배에 가까운 출혈을 피할 수 없기 때문이다. 전쟁에서 패배한 쪽은 말할 것도 없거니와 승리한 쪽도 그 후유증으로 인해 국력이 쇠퇴하여 망한 경우도 역사에서 드물지 않다.

전쟁에서는 적을 섬멸하는 것만이 능사가 아니다. 자기는 물론이고 상대를 상하게 하지 않고 항복을 받아내는 장수가 최고 명장이다. 《손자병법》은 또 "오래 끄는 싸움은 좋지 않다"고 하여 병사 한 사람 한 사람의 목숨을 소중히 여겼다. 전쟁으로 날이 저물고 전쟁으로 날이 밝는 그 살벌하던 고대의 전국시대에도 병사의 한목숨을 소중히 여겼거늘, 오늘날 민주공화국의 대통령이 대민 업무를 수행하던 병사의 억울한 죽음을 하찮게 여겨 지휘관의 잘못을 감싸고 특검법에 거듭 어깃장을 놓는다. 대통령과 정부는 국민을 보호할 책무가 있다는 헌법을 위반하는 직무 유기가 부끄럽지도 않은지 진상을 밝히려던 장수를 항명죄로 다스리려는 적반하장의 행태를 일삼고 있다.

본론으로 돌아가 눈길을 밖으로 돌리면, 미국을 등에 업고 중동의 평화를 파괴하는 이스라엘의 광적인 전쟁놀음이 갈수록 가관이다. 이스라엘의 무차별적 폭격과 학살은 국제사회의 비난에도 불구하고 계속되고 있다. 미국도 말리는 시늉만 하지 진짜 말리려는 의지는 없어 보인다. 70여 년간 이어지는 폭력과 보복 그리고 전쟁의 악순환 가운데 팔레스타인이 당해온 고난의 참상은 눈 뜨고는 볼 수 없을 지경이

다. 이 모든 재앙의 씨앗은 2차 세계대전 후 영국과 미국이
뿌린 것이다.

**중동에서 평화 공존의 길은 팔레스타인을 독립 국가로
인정하는 '두 개의 국가' 길밖에 없다. 공존의 에너지를
공유하는 그 길을 찾아가야 한다. 중동은 여전히 분노와
복수의 화약고로 불타고 있다. 이제 그 불을 끄고 평화의
샘물을 길어 올려야 할 것이다.**

이스라엘과 팔레스타인의 평화 공존을 위한 '두 개의 국가'
전략은 이제 사실상 소멸하고 없다. 이스라엘의 가자 지구
민간 시설과 민간인에 대한 끝없는 폭격과 집단살상 때문이
다. 이스라엘을 기습 타격한 하마스를 색출하고 타격한다는
명분을 내세웠지만, 엄연한 전쟁 범죄다.

하마스의 이스라엘 기습 타격 직후 구테흐스 유엔 사무총
장은 하마스의 테러 행위를 단호히 비판하면서 "민간인을 의
도적으로 살상하고 납치하는 행위는 어떤 것도 정당화할 수
없다. 모든 인질을 인간적으로 대우하고 즉시 무조건 풀어줘
야 한다"고 촉구했다. 이어서 "하마스의 공격이 이유 없이

갑자기 일어나지 않았다는 사실을 아울러 인정하는 게 중요하다. 팔레스타인 사람들은 질식할 것 같은 점령 아래서 56년이나 살고 있다"고 직격한 그는 여기에 그치지 않고 "팔레스타인 사람들은 자신들의 땅이 끊임없이 정착촌에 삼켜지고 정착민 폭력이 계속되며 경제는 목이 졸리고 이웃들은 뿔뿔이 흩어지고 집이 마구 무너지는 것을 봐왔다. 그러나 팔레스타인 사람들의 이런 불만이 하마스의 끔찍한 공격을 정당화할 수 없다. 그렇지만 또 이 같은 끔찍한 공격을 당했다고 해서 그것이 팔레스타인 사람들에 대한 집단 처벌을 정당화할 수 없다"고 천명했다.

중동에서 평화 공존의 길은 팔레스타인을 독립 국가로 인정하는 '두 개의 국가' 길밖에 없다. 공존의 에너지를 공유하는 그 길을 찾아가야 한다. 중동은 여전히 분노와 복수의 화약고로 불타고 있다. 이제 그 불을 끄고 평화의 샘물을 길어 올려야 할 것이다.

하마스-이스라엘 전쟁과 함께 확전으로 치닫고 있는 중동은 다시 불붙은 화약고다. 해결의 실마리를 쥐고 있는 미국은 11·5 대선이 끝날 때까지는 그 불길을 잡을 동력이 없을 것이다. 미국이 휴전을 중재했지만, 엇박자의 하마스-이스라엘은 평행선을 달린다. 이스라엘의 권력이 시온주의 강경파의 수중에 있는 한 미국을 비롯한 서방의 중재와 권고도 약발이 들지 않을 것이다.

미국과 영국을 비롯한 서구 열강의 끝없는 배신으로 비탄의 역사를 이어가는 3,500만 유랑민족 쿠르드인의 비참한 현실 이야기가 있다. 국제 사회는 그들의 안식처 마련에 협력해야 한다. 우리는 그들의 생존과 자유를 위해 지지와 지원을 아끼지 말아야 할 것이다. 미국의 권유와 약속, 그들은 '쿠르드 민족 국가 창설' 지원을 믿고 함께했다. 쿠르드인은 끝없는 배신과 주변 강대국들의 탄압에 좌절해야 했다. 십자군 전쟁 때 성지 예루살렘 전투에서 화해와 용서의 화신으로 인류의 희망을 보여준 영웅 살라후딘! 그는 쿠르드인이다. 이스라엘과 팔레스타인의 평화 공존은 살라후딘의 화해와 용서의 정신에서 찾아야 할 것이다.

종교와 이데올로기를 떠나서 서구 열강의 기독교인, 이스라엘의 유대인, 팔레스타인과 중동의 이슬람인 모두가 살라후딘의 화해와 용서의 정신을 절대 잊어서는 안 될 것이다.

한국 경제의 미래는 벤처 · 중소기업의 성장에 달렸다.

벤처 · 중소기업의 성장은 양극화 해소에도

중요한 역할을 할 것이다.

양극화를 해소하기 위해 사회적 계층 이동 사다리를

사회 곳곳에 마련해야 한다.

국제정세의 불확실성은 벤처 · 중소기업에

심대한 영향을 줄 것이다.

이에 미리 대처 방안을 마련해야 한다.

04

# 정치 · 경제 · 산업 · 노동 혁신, 국민의 복리와 행복

# 정치,
# 국회부터
# 새로 태어나야

◆

우리 정치의 선진화를 위해서는 AI 디지털 플랫폼 인터넷 정당이 창당되어야 한다. 민의가 다양한 형태로 수렴되어 정치에 반영되고 정치·경제·사회·문화 제 분야에 걸쳐 미래의 꿈을 싹틔우고 꽃피우는 데 함께해줄 열린 정당이 출현해야 한다. 제 분야에서 다양한 인재를 배출하여 우리의 역량을 전 세계로 창달하는 인터넷 혁신학교를 각 정당이 운영해야 한다.

특히 각 정당은 인터넷 혁신학교를 통해 '깨어있는 민주시민'을 기르고 우리 정치의 미래 비전을 제시할 수 있어야 한다. 그리하여 각 정당은 무엇보다 시민을 행복하게 하는 정치를 구체적으로 실현할 수 있어야 한다.

기존의 정당 구조와 행태로는 시민의 희생으로 애써 쟁취한 민주주의조차 위태로워질 수 있다. 아니, 이미 위태로운 상태다. 오늘날 윤석열 정부가 '자유'를 빙자하여 일삼는 극우 반동은 우리의 민주주의를 심각하게 위협하고 있다. 후진적 정치가 낳은 괴물이다. '윤석열 방지법'이 필요한 정치 현실이다.

**현행 정치 체계가 국민의 기대를 충족시키기는커녕 불신만 키우고 있으니, 건강한 생태계의 정치를 복원하려면 정치 혁신의 필요성은 분명하다. 정치의 대표성과 비례성을 강화하고, 더 공정하고 투명한 정치 생태계를 조성함으로써 국민의 신뢰부터 회복해야 한다. 정치 혁신은 제도의 변화를 넘어서 정치를 대하는 인식과 더불어 정치 문화를 바꾸는 노력이 병행되어야 그 진정한 목적을 이룰 수 있다.**

이런 후진적 정치를 극복하고 민주주의를 회복하여 반석에 세우려면 국회부터 기득권을 내려놓고 혁신해야 한다.

민의의 대의기관인 국회는 민주주의의 상징이자 최후의 보루다. 입법 권한에다 대통령을 수반으로 하는 정부를 감시

감독하고 견제하는 국정조사 권한까지 있어 그 책임이 막중하다. 그런 만큼 국회의원은 "100여 가지에 이르는" 온갖 우대와 특혜와 편의를 누린다는 말이 나올 정도다. 그런데 과연 오늘날 국회의원이 누리는 지위만큼 그 할 일을 제대로 하고 있는가, 물어보면 자신 있게 그렇다고 대답할 국회의원이 몇 명이나 될까?

선거 때만 되면 정당들도 후보들도 너나없이 '국회의원 특권 내려놓기'를 유행가처럼 불러대지만, 선거가 끝나면 정작 변한 것은 아무것도 없다. 실제로는 선거 전후로 거대 양당이 죽이 맞아 일삼는 꼼수만 지겹도록 감상할 뿐이다.

22대 총선에서도 정당들이 역시나 불체포 및 면책 특권 같은 '국회의원 특권 내려놓기'를 공약했지만, 정작 필요한 선거제도 개혁이나 위성 정당 방지법 공약은 없었다.

그래서 대다수 국민은 이번 22대 국회가 과연 이전의 국회와 어떻게 다를지 의문이다. 기득권 구조가 고착화하는 가운데 제 식구 감싸기 행태도 여전하기 때문이다. 그렇다면 정당과 국회 혁신을 위해 무엇을 어떻게 해야 할까?

무엇보다 우선 기득권 정치 구조를 해체하기 위한 정치 관련 법 개정이 시급하다. 이는 선거제도의 혁신, 정치 자금의 투명화, 정당법 개정을 포함한다. 이는 정치 과정의 투명성을 확보하고, 누구에게나 공정한 정치 환경을 제공하는 데 필수적이다.

 정치 관련 법 개정 없이 현재의 정치 구조를 유지하면 지리멸렬한 정치의 후진성을 영영 면할 수 없게 된다. 민의를 대변하고 현실 정치에서 구현해야 정당이나 정치인이 자신들의 이해득실에만 얽매여 이전투구를 일삼음으로써 정치를 혐오에 빠뜨리고 사회의 불평등과 부패를 심화시킨다. 따라서 정치 관련 법의 혁명적 개정을 통해 기득권 구조를 해체하고, 모든 국민이 공평하게 대표될 수 있는 정치 시스템을 구축해야 한다.


 **첫째, 선거제도 혁신이 필요하다.** 대의민주주의에서는 민의가 선거를 통해 정확히 반영될 수 있어야 한다. 현행 국회의원 선거제도는 소선거구제와 비례대표제를 병행하지만, 비례대표 의석수가 적어 단순 다수제의 특성이 강하다. 이러한 체계는 사표 등의 문제가 있고, 선거가 거대 정당 위주로 흘러가 정치적 다양성을 가로막는다. 그래서 대안으로 준연동형 비례대표제를 도입했지만, 거대 양당이 준연동형 비례대표제의 취지를 왜곡하는 꼼수를 부려 문제는 여전하다. 이런 거대 양당의 횡포를 막으려면 비례대표 의석을 확대하고, 전면연동형 비례대표제를 도입하여 민의가 국회에 제대로 반영될 수 있도록 해야 한다. 또 지역구 의석의 절반 이상을 공천하는 정당은 비례대표도 절반 이상 공천하도록 하는 등 위성 정당과 같은 꼼수를 방지하도록 보완할 필요가 있다.

**둘째, 정당 국고보조금 제도를 건강한 정치 생태계를 조성하는 방향으로 과감하게 개편하고 회계 감사를 강화하여 투명성을 높일 필요가 있다.** 현행 국고보조금 제도는 그 혜택이 거대 양당에 쏠림이 심하고 소수 정당의 정치 활동이나 새로운 정당의 출현을 심각하게 제한하는 요소를 안고 있다. 게다가 각 정당이 받는 보조금이 득표율에 비례하지 않아서 실제 유권자의 지지와 연동되지 못하는 문제가 있다. 국고보조금 배분 방식을 전국 기준 득표율이나 의석수에 비례하도록 개편함으로써 모든 정당에 공정한 기회를 부여하고 민의가 제대로 반영되도록 해야 한다.

**셋째, 고질적인 지역주의 정당 구도의 타파를 위해 지역**

**정당의 설립 요건을 대폭 완화해야 한다.** 현재의 정당법은 정당 설립 조건으로 중앙당을 수도에 두고 일정 수의 시도당을 요구함으로써 사실상 전국적인 규모를 갖춘 정당만 인정하는 체제다. 이는 지역의 이해관계를 대변할 지역 정당의 설립을 사실상 가로막아 지방정치 활성화를 방해한다. 그러므로 중앙당을 수도에 두도록 하는 현행 규정을 삭제해야 한다. 그리고 시도당의 수는 지역 정당의 활동에 필요한 최소한의 요건만 갖추도록 함으로써 지역의 목소리가 정치에 충실히 반영될 수 있는 정치 생태계를 조성해야 한다. 이는 정치의 지역주의를 극복하고 나아가 국토의 균형 잡힌 발전에 크게 이바지할 것이다.

**넷째, '(비리를 저지르거나 품위를 손상한) 제 식구 감싸기'를 방지하기 위해 윤리심사제도를 강화해야 한다.** 그러려면 윤리특위를 다시 상설화하고 윤리심사자문위에 조사권과 고발권을 부여할 필요가 있다. 게다가 윤리특위의 징계안 처리시한을 명시하여 징계안을 한없이 뭉개는 꼼수를 부리지 못하도록 해야 한다. 국회의원의 윤리 강령을 강화하여 임기 중 본인의 임대업을 원천 금지하고, 배우자 및 부모와 자녀의 임대 수입은 투명하게 공개하도록 의무화할 필요가 있다. 그 밖에도 국회의원의 사적 이해관계의 공개를 의무화하는 등 이해충돌 심사 기준을 좀 더 구체적이고 엄격하게 규정해야 한다.

**다섯째, 의원실에서 타성이 되어 일상으로 일어나는 낭비를 근절해야 한다.** 그 대표적인 사례가 대단한 실적으로 포장하여 쏟아내는 표절 정책자료집이다. 이 문제는 법적 책임까지 물어야 하는 엄중한 사안이다. 윤리적 문제뿐 아니라 그런 쓰레기 같은 정책자료집을 발간하는 데 드는 적잖은 비용도 모두 세금이 들어간다.

국회의원이 자신의 이름으로 펴내는 정책자료집은 출처와 인용 표시 없이 남의 저작물을 베끼거나 짜깁기할 경우 저작권법에 저촉된다. 심각한 표절은 남의 저작물을 '표지 갈이'만 해서 완전히 도용한 경우로, 원작자 고소 없이도 형사로 처벌할 수 있다는 판례도 있다. 남의 표절이든 자기 표절이든 표절로 법안 제출이나 정책자료집 실적을 부풀리는 일이 횡행하고 있는데도 어느 국회의원도 법적 처벌은커녕 윤리위 조사를 받았다는 소식을 들은 적이 없다.

그런데 비영리 독립언론 뉴스타파의 설문 조사에 따르면 국회의원 대다수가 정책자료집을 표절해 발간하는 국회의원에 대해 저작권법을 강력히 적용해야 한다는 점과 국회의원의 표절 행위를 처벌하는 시스템이 필요하다는 데 동의했다고 하니, 22대 국회에서 자기 목에 방울을 달지 지켜볼 일이다.

## 대한민국 국회의원의 특혜 및 특권

1. 불체포 특권: 파렴치 범죄를 저질러도 국회의 동의가 없는 한 체포되지 않는다.
2. 면책 특권: 막말로 상대의 명예를 훼손해도 처벌받지 않는다.
3. 세비 명목으로 연간 1억 5,700만 원을 받는다. 1인당 GDP를 고려하면 세계 최고 수준이다. 게다가 사적인 중대 범죄로 수감 생활을 하는 동안에도 세비를 받는다.
4. 세비 외에 사무실 지원 경비로 매년 1억 원을 받고, 매년 1억 5,000만 원(선거가 있는 해에는 3억 원)의 후원금을 모금할 수 있다.
5. 당선자는 득표율에 상관없이 선거비용 전액을 국고에서 보전받는다.

6. 국회 상임위원장은 별도로 매달 판공비 1,000만 원과 차량유지비 100만 원을 받는다.

7. 모든 국회의원은 KTX 특실, 비행기 비즈니스석, 의원회관 내 이발소, 헬스장, 목욕탕, 약국 등을 무료로 이용할 수 있다(의원회관 내에 있는 내과, 치과, 한의원은 배우자와 직계 가족까지 무료이며, 공항 등의 귀빈실과 귀빈 주차장도 무료인데 횟수 제한이 없다).

8. 매년 2회씩 국비로 해외 시찰을 나갈 수 있다(해외에 나가면 해당국 주재 한국 공관이 거의 모든 편의를 제공한다).

9. 국비로 9명의 보좌진(별정직 공무원 신분)을 지원받는데, 선거 때는 보좌진 대부분을 지역구에 내려보내 선거운동에 동원한다. 이는 국가공무원법에 저촉되는 불법이지만 제재를 받는 일은 거의 없다. 참고로 일본의 국회의원은 보좌진으로 비서 3명을 지원받고, 스웨덴 국회의원은 아예 개별 보좌진 지원을 받지 않는 대신 필요한 경우 공동 정책지원실 도움을 받는다.


현행 정치 체계가 국민의 기대를 충족시키기는커녕 불신만 키우고 있으니, 건강한 생태계의 정치를 복원하려면 정치 혁신의 필요성은 분명하다. 정치의 대표성과 비례성을 강화하고, 더 공정하고 투명한 정치 생태계를 조성함으로써 국민의 신뢰부터 회복해야 한다. 정치 혁신은 제도의 변화를 넘어서 정치를 대하는 인식과 더불어 정치 문화를 바꾸는 노력이 병행되어야 그 진정한 목적을 이룰 수 있다.

# 공기업,
# 공영과 민영의
# 보완적 균형

## 판단 기준은 국민의 복리와 행복

정부 산하 공기업이나 정부가 대주주로 사실상 소유한 기업의 민영화 문제가 계속 논란이 되고 있는데 민영화에 반대하는 쪽과 찬성하는 쪽의 의견이 팽팽하게 맞서 있다.

민영화를 반대하는 쪽은 공기업의 공공성을 앞세우고 찬성하는 쪽은 공기업의 비효율성을 앞세워 저마다 자기 주장의 타당성을 강조한다.

들어보면 양쪽 모두 부분적으로 일리는 있지만, 어느 한쪽이 전적으로 옳다고 손을 들어주기에는 공기업의 존재와 역할에는 복합적인 요소가 있다. 문제는 대부분 적자가 누적되는 구조여서 공공성만으로 감내하기에는 한계가 있는 것도 분명한 사실이다.

그렇다면 어떻게 할 것인가? 각 공기업을 특성별로 분류하여 처리 방안을 다르게 가야 하고 그 과정에서는 충분한 의견 수렴을 통한 사회적 합의가 필요하다. 가장 중요한 것은 정부에 대한 국민의 신뢰다. 정부가 국민의 신뢰를 받지 못하면 아무것도 할 수 없고, 또 해서도 안 된다. 오늘날 윤석열 정부가 그것을 분명하게 보여주고 있다.

**한 가지 명심할 건 어느 경우라도 완벽한 해답은 없다는 것이다. 다만, 공영의 유지든 민영으로의 전환이든 간에 국민의 복리와 행복을 최우선 순위에 두어 고민하고 결정한다면 크게 잘못되지는 않으리라는 것이다.**

공기업이나 공공서비스의 민영화 문제는 우리나라뿐 아니라 대부분의 자본주의 국가가 논쟁하고 고민해온 문제다. 그래서 세계적으로 참고할 만한 사례가 이미 충분히 쌓여 있다. 우리는 먼저 경험한 외국의 사례를 들여다보는 것으로 해답의 절반은 얻을 수 있다. 나머지 절반은 우리만이 가진 조건과 환경을 고려하여 그에 맞도록 조정하여 최종 해답을 구하면 된다.

한 가지 명심할 건 어느 경우라도 완벽한 해답은 없다는 것이다. 다만, 공영의 유지든 민영으로의 전환이든 간에 국민의 복리와 행복을 최우선 순위에 두어 고민하고 결정한다면 크게 잘못되지는 않으리라는 것이다.

그렇지 않고 만약 누구처럼(천만다행으로 실패하긴 했지만) 퇴임 후에 재벌이 될 사심으로 알짜 공기업인 포스코와 인천 공항을 두고 '민영화' 장난을 친다면 돌이킬 수 없는 재앙이 될 것이다. 민영화에 문제가 있다면 그 자체가 문제가 아니라 사리사욕이 끼어든 그 불순한 의도가 문제다. 공영도 민영도 그 자체는 아무 죄가 없다.

1980년대 영국에는 대처의 보수당 정부, 미국에는 레이건 공화당 행정부가 들어서 신자유주의 경제를 밀어붙였다. 영국은 거의 모든 공기업과 공공 분야를 민영화했다. 전기, 수도, 철도 같은 국민 생활에 직결된 공공재까지도 자유화와 효율화라는 명분으로 모두 민영화했다. 이후 양극화는 더욱 극심해졌으며 서민들은 민영화가 초래한 재앙에 신음하게 되었다. 미국은 의료보험까지 민간에 넘긴 나머지 보험료가 터무니없이 올라 의료보험에 가입하지 못한 서민 대다수는 막대한 병원비로 인해 독감에 걸려도 치료를 받을 엄두조차 내지 못하는 처지로 내몰렸다. 영국이든 미국이든 사회적 기본 공공재를 최소한의 인간다운 삶에 필요한 복지 차원으로 접근하지 않고 이윤을 추구하는 기업 차원으로 접근한 나머지 처참하게 망하고 만 것이다.

그러므로 이런 사례를 거울로 삼는다면 전기·가스·수도·철도·도로·공항·공공의료·소방·항만 같은 국민 필수 기초 생활 분야와 국가 기간 산업을 비롯한 전략 산업 분야 같은 공공재 성격이 짙은 분야는 제외하고 경영 효율성이 절실히 요구되는 공기업은 과감하게 민영화하는 것이 바람직하다.

## 의도에 달린 민영화의 성패

공영방송은 언론이라는 특수성이 있지만, 이 역시 공기업이다. 윤석열 정부는 등장 이후 줄곧 언론 장악과 파괴 책동으로 공영방송을 망가뜨리고 있다. 윤석열 정부는 보도 전문 채널 YTN의 정부 보유 지분을 2인 방통위 체제를 통해 유진그룹에 매각함으로써 민영화했는데, 신임 사장(김백)은 취임 일성으로 "YTN은 2022년 대선을 전후해 뉴스의 공정성과 공공성을 지키지 못하면서 편파 왜곡 방송이라는 비판에서 벗어날 수 없었다. 대통령 후보 부인에 대한 일방적인 주장을 아무런 검증 없이 두 차례나 보도한 이른바 '쥴리 보도'가 그 정점으로 이것이 공영방송에서 민영방송으로 바뀐 이유가 아닌지 자문해보아야 할 것"이라며 대놓고 권력에 아부하는 반성문을 썼다. 이후 YTN은 권력에 대한 감시와 비판 기능을 띤 시사 프로그램들을 속속 폐지하는 등 빛의 속도로 망가졌다.

**공영방송을 정파의 이익에 이용하려는 정치권의 행태가 K-방송의 글로벌 한류에 걸림돌이 되고 있다. 재난 주관방송인 KBS 라디오를 제외하고 모든 방송과 통신사는 넷플릭스 형태로 민영화해야 한다. 그리하여 글로벌 미디어 시장에서 경쟁하고 마음껏 활개를 치도록 해야 한다.**

방송 민영화의 순기능은 경영 효율화와 권력의 간섭에서 벗어나 독립성을 확보하는 데 있는데, 그 반대로 민영화 이후 권력의 확성기가 되고 만 것이다. 이것이 결과론이 아니고 민영화를 추진할 때부터 미리 매각 상대를 정해 두고 심사 내용을 짜 맞추는 등 사전에 치밀하게 기획된 언론 장악 각본에 따른 것이라는 데에 문제가 심각하다.

윤석열 정부가 의도적으로 조성한 방통위 2인 체제의 불법성이 MBC와 KBS 이사 선임 과정에만 국한된 것으로 생각하기 쉬운데 국민도 모르게 무수한 결정이 1년 남짓한 이 체제에서 내려졌으며, YTN 사태도 본질로는 같은 맥락에서 벌어진 일이다.

공영방송의 민영화도 그 취지와 본질에 충실하게 결정되고 운영된다면 필요한 일이고 포스트 공영방송이 가능하다. 나아가 글로벌 K-방송으로의 도약도 가능하다. BTS, 〈기생충〉, 〈오징어 게임〉 등 한국의 문화 콘텐츠가 세계 정상에 오르고, 콘텐츠 소비가 폭증하면서 한국은 잘나가는 글로벌 플랫폼 기업들이 절대로 놓칠 수 없는 시장이 되었다. 방송 생태계 혁신은 이런 절호의 기회를 놓치지 않기 위해서라도 꼭 필요한 일이다.

미디어 생태계의 주도권이 대중 미디어인 방송에서 개별 미디어인 인터넷과 모바일로 넘어가며 일어난 변화가 미디어의 공익성을 심각하게 위축시키는 가운데 공영방송은 윤석열 정부의 언론 장악 책동과 맞물려 존재 이유를 상실해가는 중이다. 급변하는 미디어 생태계에 역행하며 독립성조차 훼손당하고 있는 우리 공영방송은 과연 앞으로 얼마나 더 존속할 수 있을까?

우리나라에 공영방송 제도가 만들어진 지 올해로 50년이다. 이제 미디어 패러다임이 주파수 기반의 특정 국가 대중 매체에서 알고리즘 기반의 글로벌 플랫폼으로 변하면서 세계의 모든 공영방송은 구조적 한계를 보인다. 일본에서는 NHK 수신료 폐지 공약 하나만으로 의회에 진출하는 정당이 생겨날 정도고, 독일에서는 구속을 감수하며 수신료 거부 운동을 벌이는 극단적인 활동가들이 대중의 분노를 부추기고 있다. '세계 최고의 공영방송'으로 영국의 자부심이던 BBC 는 공정성 시비와 재정 압박이 끊이지 않는다.

유신 체제가 만들어낸 우리나라의 공영방송은 그때나 지금이나 표면으로는 자율적인 공영방송 제도를 표방하지만, 언론 본연의 자율과 독립의 전통을 쌓아온 대신 특정 정파가 장악하여 홍보 수단으로 쓰다가 버리는 구조에 가깝다는 게 원초적인 문제다. 게다가 미디어 생태계에 급격한 변화가 몰아치고, 결정적으로는 넷플릭스의 진출로 공영방송의 존립 자체가 위태로워지게 되었다.

이런 가운데 공영방송을 정파의 이익에 이용하려는 정치권의 행태가 K-방송의 글로벌 한류에 걸림돌이 되고 있다. 재난 주관방송인 KBS 라디오를 제외하고 모든 방송과 통신사는 넷플릭스 형태로 민영화해야 한다. 그리하여 글로벌 미디어 시장에서 경쟁하고 마음껏 활개를 치도록 해야 한다.

# 영혼을 팔아버린 언론 혁신의 필요성

◆

언론은 죽었다. 공익을 대변하고 살아있는 권력을 비판하는 저널리즘은 사라지고 없다. 방송과 신문은 급변하는 미디어 환경에서 존재감을 상실해가고 있다.

이 시대 언론(인)은 어떤 모습일까? 과연 권력의 안위나 이익보다 국민의 편에 서서 진실을 알리는 사명을 실천하고 있을까? 오늘날 우리 언론 현실에서 그런 정의는 언론학 교과서에서나 존재하는 희망 사항이 아닐까?

세월호 참사가 보여 준 우리 언론의 실상은 한마디로 '기레기(기자+쓰레기)'였다. 진실, 아니 사실을 찾는 것조차도 권력과 자본에 기댄 나머지 신문과 방송은 충실하게 권력과 자본의 충견이 되었고, 호도된 진실은 예전과 다를 바 없이 국민을 대형사고의 늪으로 더욱 몰아넣었다. 언론이 만들어낸 책임 회피는 결국 우리에겐 더더욱 커다란 불행의 시작일 뿐이었다.

언론인 리영희 선생은 일찍이 이렇게 설파했다.

"난 국가, 애국심보다 진실이 더 중요하다고 생각해. 난 애국주의자가 아니야. 자기 국가, 자기 정부, 자기 사회라 하더라도 진실을 기본 정신으로 삼지 않는다면 난 그 국가에 대한 충성을 거부했어. 진실만이 내가 추구하고 숭배하는 가치야."

우리는 오늘날 진실의 보도에서 멀어진 언론 개혁의 당위성과 방향을 50년 전 '자유언론실천선언'의 언론 정신에서 찾을 수 있다.

**언론인 리영희 선생은 일찍이 이렇게 설파했다.**

**"난 국가, 애국심보다 진실이 더 중요하다고 생각해. 난 애국주의자가 아니야. 자기 국가, 자기 정부, 자기 사회라 하더라도 진실을 기본 정신으로 삼지 않는다면 난 그 국가에 대한 충성을 거부했어. 진실만이 내가 추구하고 숭배하는 가치야."**

1974년 〈동아일보〉 기자 180여 명은 박정희 유신 정권의 언론 탄압에 맞서 "우리는 자유 언론에 역행하는 어떠한 압력에도 굴하지 않는다"는 자유언론실천선언을 발표했다. 이어 전국 31개 신문·방송·통신사 기자들도 일제히 언론 자유 수호 결의문을 채택했다. 이 선언으로 〈동아일보〉에서 130여 명, 〈조선일보〉에서 33명의 언론인이 강제 해직당했다. 그것은 1970년대 유신 정권의 보도 통제 속에서 자유 언론을 되찾기 위해 들어 올린 뜨거운 횃불이었다.

1969년 삼선 개헌에 이어 1972년 유신을 통해 종신 집권을 획책한 박정희는 언론사마다 기관원을 출입시켜 기자들이 취재해온 내용을 간섭하며 보도를 통제했다. 그 때문에 전국 곳곳에서 유신 반대 시위가 벌어졌지만 어떤 언론사도 이를 보도하지 못했다. 그러는 중에 자유언론실천선언이 횃불이 되어 암흑의 언론에 빛을 보냈다. 대통령이 '자유'를 외치면서 언론의 자유를 억압하는 시대를 사는 오늘날, 제2의 자유언론실천선언이 필요해졌다.

# 문화
# 소프트 파워와
# 한류의 확산

◆

"나는 우리나라가 세계에서 가장 아름다운 나라가 되기를
원하지, 가장 부강한 나라가 되길 원하지 않는다. 내가 남의
침략에 가슴이 아팠으니 내 나라가 남을 침략하기를 원치 않
는다. 우리의 경제력은 우리의 생활을 충족할 만하고, 우리
의 무력은 남의 침략을 막을 만하면 족하다. 오직 한없이 가
지고 싶은 것은 높은 문화의 힘이다. 문화의 힘은 우리 자신
을 행복하게 하고 나아가서 남에게 행복을 주기 때문이다.

현재 인류가 불행한 근본적 이유는 인의가 부족하고, 자비
가 부족하고, 사랑이 부족하기 때문이다. 이러한 마음만 발
달하면 현재의 물질력으로도 20억 명이 다 편안히 살아갈
수 있을 것이다. 인류에게 이러한 정신을 배양하는 것은 오
직 문화가 있을 따름이다. 나는 우리나라가 남의 것을 모방

하는 나라가 되지 말고, 이러한 높고 새로운 문화의 근원이 되고 모범이 되기를 원한다. 그래서 우리나라로 말미암아 진정한 세계의 평화가 실현되기를 원한다."

적어도 80여 년 전에 무형의 가치인 소프트 파워, 즉 문화의 힘을 내다본 백범의 〈나의 소원〉 한 대목이다. 《백범일지》 전체를 통틀어서도 백미로 꼽히는 가장 유명한 구절이다. 일찍이 백범이 통찰하여 강조한 문화가 오늘날 황금알을 낳는 거대한 산업이 되어 세계 경제를 움직이는 한 축이 되었다.

**세계적으로 성공한 기업을 거론할 때면 흔히 그 기업 문화에 주목한다. 아마존, 넷플릭스, 애플, 구글 등 오늘날 막강한 존재를 과시하는 글로벌 기업들은 저마다 자기만의 특별한 기업 문화, 즉 소프트 파워로도 유명하다.**

미디어 경영전략가 김승수 교수는 《정보 자본주의와 대중문화산업》에서 다음 몇 가지로 문화산업의 역할을 정리한다.

첫째로 언론, 정보, 지식, 문화 등 정신적 가치를 창출하여 공급함으로써 사람들의 가치관, 세계관, 창의성, 상상력, 비판적 의식을 자극한다.

둘째로 민주주의의 자양분으로써 위정자들이 공정한 경쟁과 투명한 국가 경영을 하도록 견인하고, 정치 과정에 시민의 적극적인 참여를 촉진함으로써 민주주의 구현에 이바지한다.

셋째로 자본 축적과 경제 성장 등을 통해 국력 신장과 국민 복리 증진에 중요한 역할을 한다.

넷째로 미디어산업, 대중문화산업, 디지털 콘텐츠산업 등을 포괄하는 거대한 시장을 형성하여 양질의 일자리를 창출한다.

문화는 산업으로서 경제적 가치만 창출하는 게 아니다. 교육, 학문, 과학, 기술 등 인간의 창조적 산물과 관련한 모든 분야의 바탕이 되고 또 그것을 촉진한다. 그것이 바로 문화가 지닌 소프트 파워다.

세계적으로 성공한 기업을 거론할 때면 흔히 그 기업 문화에 주목한다. 아마존, 넷플릭스, 애플, 구글 등 오늘날 막강한 존재를 과시하는 글로벌 기업들은 저마다 자기만의 특별한 기업 문화, 즉 소프트 파워로도 유명하다.

# K-소프트 파워, 한류의 탄생과 비상

세계 대중문화판은 바야흐로 한류의 바람을 타고 '한국 앓이'에 빠져들고 있다. 잠깐의 돌풍에 그치고 말 것이라던 일부의 예상을 비웃듯 상승기류를 탄 한류는 그 기세가 꺾일 줄 모른다. 오히려 진화를 거듭하면서 세계 대중문화의 중심으로 자리 잡아가고 있다.

한류의 시작은 언제부터였을까? 구체적으로는 일본 대중문화를 전면 개방하고 한국 영화의 스크린쿼터제를 폐지한 김대중 정부 때부터라는 데 이견이 없다. 우리가 지키고 있던 하나를 내주자 우리 안에 잠재해 있던 발랄한 에너지가 폭발하여 한류의 물꼬를 텄다. 그렇게 한번 터진 물꼬는 대하를 이루고 지류를 내어 아시아를 넘어 세계로 뻗어갔다. 독재 국가나 전체주의 국가 또는 낡은 체제의 국가에서는 일어날 수 없는 일이다. 김대중 정부의 혜안과 결단이 직접적인 계기를 주었지만, 1987년 민주화가 그 바탕이 되었다.

**이제 한류는 영화, 드라마, 음악, 문학 등 예술(예능) 장르뿐만 아니라 패션, 뷰티, 의료, 음식 등 생활 문화에 이르기까지 다양한 분야에 걸쳐 분출하고 있다. 20세기에만**

해도 세계 대중문화의 변두리 중에서도 변두리에서 중심을 동경하던 한국의 대중문화가 21세기 한류의 대유행과 더불어 이렇게까지 주목을 받으리라고 누가 상상이나 했겠는가. 이 모든 것이 문화의 위대한 힘이다.

사실 한류의 뿌리를 캐자면 저 멀리 삼국시대의 백제 문화를 원조라고 할 수 있다. 삼국 가운데 가장 수준 높은 문화를 꽃피운 백제 문화는 일본으로 건너가 일본 역사상 최고로 꼽히는 아스카 문화를 낳았다. 이후 우리 역사에서 한류의 사례는 무수하다.

한반도는 대륙에서 해양으로 연결된 문명의 통로 역할을 하면서 독자적 철학을 정립했다. 유불선 3교를 포용하는 최치원의 풍류와, 승속을 아우른 원효의 일심 사상도 신라를 넘어 동아시아에서 당대를 풍미한 한류였다.

《동의보감》 역시 편찬 이후 수백 년간 국제적으로 인정받은 최고 의학서로 한류를 일으켰다. 일본에서는 바쿠후 차원에서 의학의 표준으로 삼았으며, 중국에서는 "천하의 보물"로 여겨져 30여 판이 인쇄될 정도로 유례없는 인기를 얻었다. 2009년 《동의보감》은 동양 의학서로는 최초로 유네스코 세계기록유산에 등재됨으로써 그 가치와 역사성을 공인받았다.

조선 시대의 시서화(詩書畵)는 한류 스타를 가장 많이 배출한 분야다. 이옥봉과 허난설헌의 시는 명나라에서 출간되어 베스트셀러가 되었으며, 그 인기가 일본까지 퍼졌다. 추사의 글씨는 중국 사신단에게 최고의 선물이 되었으며, 단원 김홍도를 비롯한 대가들의 그림은 중일 양국에서 폭발적인 인기를 끌었다. 일본 관원들이 조선통신사를 기다리는 속내는 그런 화가들의 그림을 기다리는 거라는 말이 나올 정도였다. 게다가 조선통신사의 행차는 일본인들에게는 엄청난 볼거리로 그 자체가 한류였다.

이제 한류는 영화, 드라마, 음악, 문학 등 예술(예능) 장르뿐만 아니라 패션, 뷰티, 의료, 음식 등 생활 문화에 이르기까지 다양한 분야에 걸쳐 분출하고 있다. 20세기에만 해도 세계 대중문화의 변두리 중에서도 변두리에서 중심을 동경하던 한국의 대중문화가 21세기 한류의 대유행과 더불어 이렇게까지 주목을 받으리라고 누가 상상이나 했겠는가. 이 모든 것이 문화의 위대한 힘이다.

# 노동,
# 가장 존중받아야 할
# 경제의 기반

◆

"근로기준법을 준수하라! 우리는 기계가 아니다! 일요일은 쉬게 하라! 노동자들을 혹사하지 말라! 내 죽음을 헛되이 하지 말라!"

1970년 11월 13일, 평화시장 봉제공장 재단사로 일하던 스물두 살의 전태일이 시위 현장에서 최후의 수단으로 분신과 함께 외친 처절한 절규다.

당시 평화시장 노동자 2만여 명 가운데 90% 이상이 평균 연령 18세의 여성이고, 40%를 차지하는 수습공은 평균 연령 15세의 어린이였다. 이들은 일당 90~100원(현재 가치로 약 2,000원)의 급료를 받으며 하루 16시간씩 일했다(당시 짜장면 1그릇 값이 100원이었다). 전태일은 노동청과 서울시청 근로감독관을 찾아가 호소하는 등 노동 조건을 개선하기 위해 동분서

주했지만 1개월에 2일 쉬면서 1주일 98시간 노동에 시달리는 현실은 바뀌지 않았다. 게다가 노동자들은 안질과 신경통, 신경성 위장병, 폐결핵 같은 온갖 질병에 시달렸지만, 치료받을 시간도 돈도 없었다. 전태일의 분신 이후 우리 사회는 그나마 조금씩 비참한 노동 현실에 관심을 두게 되었지만, 그로부터 50여 년이 지난 지금은 무엇이 얼마나 달라졌을까?

물론 급료나 복지를 비롯한 노동 조건은 당시에 비할 바 없이 개선되었다. 하지만 아직도 노동 현장에서 재해를 입거나 목숨까지 잃는 일이 비일비재한 현실이 좀처럼 해결되지 못하고 있다. 이렇게 노동자를 이윤 창출의 수단으로만 여겨 박대하는 기업은 미래가 없다.

**왜 노동이 존중받고 노동자가 보호받는 사회를 만들어야 하는지, 그 이유는 자명하다. 정치적 민주주의와 경제적 민주주의의 동반 실현으로 양극화를 해소하여 개개인의 삶의 질을 높이지 못하면, 실질적인 민주주의 체제는 유지하기가 어렵다.**

박정희 정부의 최대 업적으로 산업의 진흥과 경제 발전을 꼽지만, 그것은 농민과 노동자의 희생 위에 세운 눈물의 금자탑이다. 노동자의 헌신이 없었으면 꿈도 꿀 수 없는 일이었다. 이 땅의 노동자는 근대화의 심장이었으며, 노동운동은 민주화의 중요한 동력이었다. 오늘날 대한민국의 번영은 노동자의 피땀과 헌신으로 피운 불꽃이다. 그런데도 윤석열 정부는 노동자를 적대하여 노동운동을 탄압하고 노동조합을 척결 대상으로 지목한다. 참으로 나쁜 대통령이고 정권이다.

노동자의 노동운동과 기업의 기업 활동이 균형을 이루어야지 노동자의 정당한 권리가 겨우 보장받는다. 노동조합을 적대시하고 노동운동을 탄압하는 것은 노동자의 권리를 사용자의 선의에 일임하라는 것이나 마찬가지다. ILO(세계노동기구)의 권장 기준보다 낮은 수준의 근로기준법조차 위반하는 일이 비일비재한데, 노동자가 단결권과 단체행동권을 포기하고 사용자의 선의를 기대하고 처분을 바라는 것은 노동자 자신을 사냥개의 먹이로 던져주는 것이나 마찬가지다.

노동운동이 숨조차 쉴 수 없던 유신 독재의 억압 체제가 그것을 여실히 보여주지 않았던가. 박정희 시대의 노동자는 말이 좋아 '수출의 역군' 이지 실상은 최소한의 인간다운 삶조차 갖지 못한 '수출의 노예'였다.

글로벌 기업 삼성의 '무노조 경영'은 자랑이 아니라 글로벌하게 창피한 일이다. 세계적 기업들과 어깨를 나란히 하는 대한민국 최대 기업이 노조 설립을 조직적으로 방해하고 설립 주동자를 매수하거나 그것도 안 되면 파괴해버리는 행위가 어디 말이나 되는 얘긴가. 진작 삼성에 경영진과 긴장 관계를 유지하는 정상적인 노조가 있었으면 삼성은 더 나은 경영을 했을 것이고, (선대 회장의 유언까지 어겨가며) 이건희 회장의 독선으로 자동차에 손을 대 수십 조를 말아먹는 일도 막을 수 있었을 것이다. 노동조합과 노동운동은 노동자의 권리를 지키는 수단이지만, 기업의 건강한 경영을 위해서라도 꼭 필요하다. 더구나 세계적으로 유례가 드문 족벌경영 체제를 가진 한국 기업에는 오너 리스크를 줄이는 데에 노조 말고는 달리 뾰족한 제어장치가 없다. 경영진의 독단을 막기 위한 사외이사 제도가 있지만, 현실은 유명무실하다.

왜 노동이 존중받고 노동자가 보호받는 사회를 만들어야 하는지, 그 이유는 자명하다. 정치적 민주주의와 경제적 민주주의의 동반 실현으로 양극화를 해소하여 개개인의 삶의 질을 높이지 못하면, 실질적인 민주주의 체제는 유지하기가 어렵다.

1980년대 영국의 대처리즘과 미국의 레이거노믹스를 시작으로 신자유주의적 자본주의의 득세와 함께 자본 가치가 노동 가치를 압도하게 되면서 노동자의 박탈감이 극심해졌다. 또 실제로도 정규직 일자리가 비정규직과 일용직으로 대거 바뀌는 등 노동 환경이 더욱 열악해져 노동자의 삶도 불안하고 고달파졌다. 이때는 규제 완화, 시장 자율과 같은 친기업 신자유주의적 키워드가 범람했다.

그러나 신자유주의 체제가 심각한 부작용을 노출하면서 노동을 배제한 자본 만능주의가 한계에 직면하자 '포용 성장', '동반 성장'이라는 키워드가 입지를 넓혀가게 되었다. 포용 성장 없는 경제도 기업도 성장하기 어렵다는 인식이 널리 공유되는 등 시대 흐름이 크게 바뀌고 있다.

우리는 노동 존중 사회를 어떻게 구현할 것인가? 먼저 정부가 법과 제도의 혁신을 통해 노동이 존중받는 사회경제적 토대를 만들고 환경을 마련해야 한다. 다음으로 기업은 고용을 직접 책임지는 주체로서 책무를 회피하지 않아야 한다.

대기업이 고용을 어떤 방식으로 다루느냐에 따라 원청·하청 관계와 노사 관계가 크게 영향을 받는다. 노동조합과 노동운동도 지금껏 주체의식에 따른 행위자의 성격보다 반작용의식에 따른 행위자의 성격이 강했다면, 이제는 적극적으로 건설하고 만들어내는 행위 주체로 다시 태어나야 한다.

# 산업, 기업의 경쟁력을 키우는 글로벌화

## 현대기아차, GM과 전략적 제휴

중국이 테슬라의 아성을 넘어 전 세계 전기 자동차 최대 생산국이자 수출국이자 소비국이 되었다. 오바마 행정부 때 부도를 맞은 미국의 GM 자동차는 정부의 지원으로 가까스로 회생한 후로 전문투자자문사 뱅가드그룹(GM코리아 보유)이 15% 이상의 지분을 보유함으로써 1대 주주가 되었다.

지난 9월, GM과 현대자동차가 포괄적 협력을 위한 MOU(업무협약)를 체결했다. 생산부터 기술 개발에 이르기까지 모든 영역에 걸쳐 일종의 동맹 관계를 구축하기로 한 것이다. 세계 3위 완성차 업체 현대자동차가 미국 1위이자 세계 5위인 GM과 손잡고 글로벌 기업으로서 위상을 더 높이게 될 것으로 기대된다. 전기차 대중화가 지체되는 상황에서 저가 모델을 앞세운 중국 전기차 기업들과 힘겨운 경쟁에 직면한 현대차가 경쟁사와의 공생으로 돌파구를 마련할 수 있을지도 관전 포인트다.

**현대자동차는 이미 지난 2000년 다임러크라이슬러의 지분 참여와 공동 엔진 개발 등을 뼈대로 한 전략적 제휴를 맺은 바 있다. 하지만 포괄적 협력 체계 협정을 맺은 것은 GM이 처음이며, 이 정도 수준의 긴밀하고도 광범위한 협력은 세계적으로도 유례가 드물다.**

이번 협약을 계기로 양사는 향후 주요 전략 분야에서 상호 협력하며 생산 비용 절감, 효율성 증대 및 다양한 제품군을 고객에게 신속히 제공하는 방안 등을 모색할 작정이다. 양사의 잠재적인 협력 분야는 승용 및 상용 차량, 내연기관, 친환경 에너지, 전기 및 수소 기술의 공동 개발 및 생산 등이다. 게다가 양사는 배터리 원자재, 철강 및 기타 소재의 통합 소싱 방안도 검토하기로 했다. 완성차 개발과 생산, 미래 기술 개발과 원재료 조달에 이르기까지 사실상 모든 영역을 협력

대상으로 열어둔 셈이다.

현대자동차는 이미 지난 2000년 다임러크라이슬러의 지분 참여와 공동 엔진 개발 등을 뼈대로 한 전략적 제휴를 맺은 바 있다. 하지만 포괄적 협력 체계 협정을 맺은 것은 GM이 처음이며, 이 정도로 긴밀하고 광범위한 협력은 세계적으로도 유례가 드물다.

전기차 원가 절감이 절실한 현대자동차와 하이브리드 기술 확보가 필요한 GM의 이해관계가 맞아떨어져 성사된 협정일 것이다. 주요 자동차 시장인 미국과 유럽에서 전기차 수요가 둔화하고, 저가 모델을 앞세운 중국 전기차 기업들이 유럽 시장을 파고들면서 현대자동차는 사면초가의 위기를 걱정해야 하는 상황이다.

원가 경쟁력을 높이려면 전기차 가격의 40%에 이르는 배터리 가격을 낮춰야 하는데, GM과 공동 수급에 나서 협상력을 높임으로써 납품가를 낮추는 것이 현실적이고도 유력한 방안이다. 한편 독자적인 하이브리드 모델이 없는 GM으로서는 현대자동차와 하이브리드 모델을 공동 개발하거나 라이선스 방식을 통해 자국 내수 수요에 신속히 대응할 수 있다.

일찍이 세계 자동차 산업을 선도해온 기업으로서 미국 제조업의 자존심으로 통하는 GM과 1970년대 포니 신화를 쓰면서 불과 50년 만에 세계 3대 자동차 기업으로 발돋움한 현대자동차는 우호적 지분 맞교환 방식을 통해 연대함으로써 연구·개발에서 생산 및 마케팅까지 포괄적 협력 체계를 구축하여 날로 치열해지는 글로벌 경쟁에 대처해야 할 것이다.

## 현대기아차 그룹의 글로벌 GM 전략적 투자 방안

**1. 글로벌 자동차(배터리와 2차전지 포함) 패권 경쟁에 대응하여 GM에 대한 전략적 지분 투자 펀드 조성**

- 1차 30억 달러(국민연금을 비롯한 주요 기관투자자)

- 2차 100억 달러(미국 투자은행 공동 펀드 구성)

**2. 특별 사항**

- 글로벌 GM 구조 개편 실행 (GM코리아 생산공장 군산 이전, 자동차 AI 디지털 통신 플랫폼 지주회사 설립으로 AI 디지털 통신 스마트 시티 개발 등)

- 현대기아차 그룹 전략적 지분 교환 (자율주행의 전략적 생산, 판매. 기술 개발 등)

## 삼성중공업, 글로벌 기업으로 도약

에너지 시장의 '게임 체인저'로 각광받는 해상 SMR(소형모듈원자로)은 글로벌 선박 기업의 공통 비전이다. 삼성중공업은 SMR 기술 중에서도 초소형화가 가능한 MSR(용융염냉각형)을 개발 중이다.

MSR은 독특한 냉각 구조로 인해 크기가 작고 안정적이어서 해양플랜트나 선박 탑재 등에 활용될 것으로 기대된다. 삼성중공업의 주력 분야 역시 해양플랜트다. 장점과 잘 맞아떨어지는 신기술의 탑재로 시너지 효과를 극대화하여 MSR 기반의 플랜트와 추진 선박 시장의 점유를 확대한다는 구상이다.

**삼성중공업이 글로벌 조선사로 성장한 배경에는 초격차 기술이 있다. 일찍이 조선해양 사업 분야에서 차별화된 기술 경쟁력과 턴키 제작 능력을 확보해 해양 개발 설비의 핵심인 탑사이드 설계, 시공 능력을 갖추게 된 것이다.**

삼성중공업은 비교적 최근에서야 MSR 연구에 뛰어들었는데, 2021년 한국원자력연구원과 MSR 공동연구 협약을 체결하며 시동을 걸었다. SMR 기반의 해양 원자력 제품을 설계하고 요소기술 기자재 개발과 성능 검증, 비즈니스 모델 경제성 평가 등을 목표로 삼아 2026년까지 원천기술 개발을 완료할 계획이다. 글로벌 시장에서는 삼성중공업의 MSR 상용화 시점을 2029~2030년으로 전망한다. 삼성중공업이 글로벌 조선사로 성장한 배경에는 초격차 기술이 있다. 일찍이 조선, 해양사업 분야에서 차별화된 기술 경쟁력과 턴키 제작 능력을 확보해 해양 개발 설비의 핵심인 탑사이드 설계, 시공 능력을 갖추게 된 것이다.

삼성중공업은 1995년 국내 최초로 셔틀탱커를 건조한 이후 압도적인 품질 경쟁력을 입증해 왔다. 가스체인 부문에서는 2008년 세계 최대 크기인 26만 6,200㎥의 LNG선을, 2011년에는 국내 업계 최초로 엠브레인형 LNG선 화물창을 독자 개발했다. LNG선 건조 경쟁력을 한층 끌어올렸으며 2017년에는 2만 3,000TEU(1TEU=20피트 컨테이너 1개)급 세계 최대 컨테이너선을 수주하는 등 첨단기술, 고부가가치선 시장을 선도해오고 있다. 특히 해양플랜트 분야에서는 압도적이다. 해양플랜트 사업은 천연가스 등을 채굴, 정제한 뒤 LNG(액화천연가스)로 액화해 저장 및 하역까지 하는 복합 설비다. 특히 액화천연가스를 생산, 지장, 하역하는 FLNG는 1건만 수주해도 그 금액이 수조 원에 이르고 부가가치도 높다. '바다 위의 LNG 공장'으로 불리는 FLNG의 1기당 가격은 15억~30억 달러(2~4조 원)에 달해 대표적인 고부가가치 사업으로 꼽힌다.

앞으로 글로벌 LNG 수요 증가와 함께 육상플랜트보다 납기 경쟁력을 보유한 FLNG에 대한 수요가 계속 증가할 것으로 보인다. 세계 최대 LNG 공급사인 셸의 보고서에 따르면 전 세계 LNG 수요량은 2023년 4억 400만t 수준에서 2040년 6억 2,500만~6억 8,500만t까지 증가할 전망이다. 게다가 과거 대다수 유럽 국가들은 러시아에서 생산되는 LNG를 파이프라인을 통해 공급받는 PNG 방식을 채택했다. 그러나 2022년 우크라이나-러시아 전쟁 발발 이후 러시아와 유럽이 대립하면서 유럽 국가들이 다른 방식을 통해 LNG를 확보하려는 움직임을 보이는 것도 삼성중공업으로서는 호재다.

2027년까지 한국 조선업계가 수주할 수 있는 LNG 운반선 규모는 총 212척으로 사업액이 76~77조 원에 이를 것으로 보여 안정적인 수익 창출이 기대된다. 이와 더불어 삼성중공업은 덴마크 시보그와 CMSR(소형용융염원자로)을 활용한 부유

식 원자력 발전설비 제품 개발 협력을 이어오면서 해상 SMR 사업에 박차를 가하고 있다. CMSR은 핵분열 에너지를 활용해 이산화탄소 배출이 없으면서 높은 효율로 전기를 생산할 수 있는 차세대 에너지원이다. 일반 MSR보다 더 작아 활용 분야가 다양하고, 높은 안전성을 자랑한다.

한국의 조선해양 산업은 삼성중공업을 비롯한 굴지의 조선해양 기업들이 분투하면서 선전하고 있지만, 구조적으로는 중국 기업들의 약진이 두드러진 데다가 글로벌 패권 전략 국가인 미국과 중국의 충돌이 인도·태평양에서 격화되고 있어 지정학적 위험에 노출돼 있다.

레이건 정부에서 포기했던 미국의 조선해양 산업의 향배는 중국과의 패권 경쟁 결과에 따라 결정될 것이다. 그런 가운데 한국의 조선해양 산업은 중국의 성장에 대처할 수 있는 차별적 전략을 수립해 실행하는 한편, 국내 기업 간의 긴밀한 연대와 비즈니스 제휴를 통해 글로벌 시장에서의 수주 경쟁력과 채산성을 개선해야 할 것이다. 정부는 조선 해양 산업을 국가 안보 차원의 전략 산업으로 인식하고 글로벌 경쟁력을 높이도록 전폭 지원하는 한편으로 지정학적 위험으로부터 안전하도록 외교 안보 역량을 발휘해야 할 것이다.

## 삼성중공업, K-조선해양 글로벌화 추진 전략 방안

**1. 구조 혁신과 규모 확대를 통한 글로벌화 전략**

 **- 시가 총액 1조 달러의 세계 원톱 스마트 글로벌 조선해양 기업 구축**

**- 글로벌 공급망 재편을 주도하는 조선해양 (방산 포함) 뉴패러다임 구축**

**- 삼성중공업 구조조정 펀드 (10억 달러) 구성 (삼성중공업 미국 법인 설립에 1억 달러, 글로벌 조선해양 지주회사 설립에 9억 달러 투자)**

**2. 미국 법인 글로벌 조선해양 지주회사, 미국 주요 투자회사 글로벌 조선해양 (방산 포함) 구조 재편 펀드 (100억 달러) 조성**

**3. 한국의 조선해양 기업 빅3 연계 전략 (현대중공업 지주, 한화오션, 삼성중공업의 전략적 지분 투자)**

 **4. 조선 (방산 포함)의 글로벌 생산 체제 전환, 해양 운용 패러다임 전환 (AI, 가상화폐, 친환경 에너지원 적용 등의 코페르니쿠스적 전환)**

 **5. 특별 사항 : 글로벌 조선해양 종합자산운용사 설립 (미국 맨해튼), 글로벌 조선해양연구소 설립 (방산 포함)**

## 재벌 개혁은 시대적 요청이자 생존의 조건

한국의 재벌은 개발독재 시대에 정권과 유착하여 각종 특혜를 업고 고도 경제 성장의 중요한 역할을 담당하면서 몸집을 불려왔다. 한국 경제는 선진국으로 진입하고 재벌 대기업들은 규모와 기술에서 글로벌 기업으로 성장했지만, 기업 구조는 선단식 편제, 문어발식 확장, 족벌경영 체제와 같은 구태를 벗지 못해서 글로벌 기업으로 성장하기 위한 구조와 전략에는 알맞지 않다는 지적을 피할 수 없게 되었다.

이런 가운데 오늘날 우리 기업은 두 가지 커다란 위험 요소에 봉착해 있다. 하나는 중국발 공급 과잉이고, 다른 하나는 미국 의존도를 높여가는 중에 만난 미국의 자국우선주의 강화 정책이다.

LG화학이 2024년 상반기 석유화학 사업에서 올린 영업이익은 약 12억 원으로, 회사 전체 이익의 0.2%에 불과하다. 2022년만 해도 석유화학 사업이익은 1조 원에 육박할 만큼 호황이었는데, 중국 기업들이 과잉 재고를 할인 처리하면서 시황이 악화한 것이다.

그 밖에도 중국발 공급 과잉은 삼성SDI가 편광필름 사업을 중국 기업에 매각하도록 만들었고, 포스코 자회사 포스코퓨처엠이 OCI와의 합작으로 세운 이차전지 소재 기업 피앤오케미칼 지분을 모두 OCI에 넘기고 사업을 접도록 만들었다.

**오늘날 우리 기업은 두 가지 커다란 위험 요소에 봉착해 있다. 하나는 중국발 공급 과잉이고, 다른 하나는 미국 의존도를 높여가는 중에 만난 미국의 자국우선주의 강화 정책이다.**

중국이 2024년 들어 반도체, 자동차, 조선, 태양광 등 주요 품목의 가격을 추가로 인하하면서 해당 품목의 수출량이 전년 동기보다 50% 이상 급증했다. 최근 5년 사이에 중국의 석유화학 기초 원료인 에틸렌 증설 규모만 약 2,600만 톤으로, 한국 생산 능력의 2배에 이른다. 정부 보조금에 힘입어 고속 성장한 사업 부문의 과잉 생산 물량이 글로벌 가격 하락을 불러 우리 기업의 실적 악화로 이어지고 있다. 이와 같은 중국발 공급 과잉이 장기화하면 우리 기업의 수익성이 크게 하락할 것이다.

근래 들어 실적 호조를 보이는 현대·기아차 등 국내 자동차 기업도 안심할 수 없는 상황이다. 내연기관 차량의 전동화 속도가 빨라지고 중국 차의 글로벌 점유율이 높아지면서 신흥국을 중심으로 전기차 부문에서 경쟁이 심해질 것인 데다가 장기적으로 가격 경쟁력을 갖춘 중국산 전기차가 글로벌 경쟁을 격화시켜 실적이 악화할 위험이 있다.

글로벌 시장 경쟁이 갈수록 치열해지는 가운데 기업이 이런 시장 상황을 극복하고 좋은 실적을 거두려면 기업 경영을 최고로 효율화하여 경쟁력을 고도로 키워야 한다. 그러려면 반드시 재벌 개혁이 이뤄져야 한다.

어느 나라든 형태와 성격은 다르지만, 재벌은 있게 마련이다. 그 가운데 한국의 재벌은 태생의 성격과 처한 경제 상황이 일본의 재벌과 유사하지만, 일본 재벌은 개혁의 본보기랄 게 없으므로 논의 대상이 아니다. 그 대신 과도한 기업 집단화, 즉 재벌이 단기간에 형성된 점에서 이스라엘의 재벌은 한국의 재벌과 유사하므로 (물론 경제 구조와 대내외 기업 환경은 사뭇 다르지만) 재벌 개혁에 성공한 이스라엘을 타산지석으로 삼아 무엇을 어떻게 개혁할 것인지 정리하다 보면 대강의 해답이 나올 것으로 생각된다. 이스라엘의 재벌은 어떻게 탄생했을까?

1985년대 중반에 이르러 이스라엘은 경제가 붕괴 위기에 빠지자 이를 해결하려고 사회주의 체제를 급격하게 자본주의 체제로 전환한다. 그때까지는 노동조합과 정부가 가장 많은 기업을 소유했는데, 대부분 적자가 누적되어 파산 위기가 오자 민영화를 시도한 것이다. 그렇게 20여 년간 민영화를 하다 보니 경제력 집중 현상이 생겨났다. 국내외의 돈 많은 유대인이 민영화 대상 기업을 사재기하기 시작했는데 특히 보험회사와 은행을 집중적으로 사들였다. 게다가 사들인 기업이 보유한 자산으로 더 많은 기업을 추가로 사들이다 보니 한국의 재벌과 같은 구조의 기업집단이 생겼다. 30여 개 기업집단이 2,500여 개의 기업을 거느리게 되었으니 하나의 기업집단이 80여 개의 기업을 소유한 셈이다. 이스라엘 재벌의 탄생이다. 더구나 이스라엘 기업집단은 금산분리가 되지 않아 금융기업 돈을 이용해 비금융기업을 사들이는 관행이 반복되었다. 자사의 금융기업을 이용해 경쟁 관계에 있는 타사의 비금융기업을 파산시킬 위험성을 내포한 것이다.

재벌의 심각한 문제점을 인식한 이스라엘 정부는 2010년 '국가경쟁력강화위원회'를 구성하여 재벌 개혁안을 만들고 의견을 취합해서 의회에 제출했다. 그리하여 2013년 '반(反)경제력집중법' 제정을 시작으로 재벌 개혁에 나설 수 있게 되었다. 한국도 재벌 규제의 필요성을 절감하고 1986년에 대규모 기업집단 규제 사항을 공정거래법에 명기했지만, 정치적 입김이 작용하는 등의 이유로 실제로는 규제가 제대로 이루어지지 않아 유명무실해졌다.

재벌의 거센 저항에도 불구하고 이스라엘의 재벌 개혁이 성공적으로 마무리된 데는 언론의 역할이 컸다. 유력 경제지 《더마커》가 수년 동안 지속하여 이 문제를 끈질기게 이슈화하는 등 언론이 여론을 상기함으로써 개혁의 동력을 끝까지 유지할 수 있었다. 재벌 개혁을 기업 탄압의 논리로 여론전을 벌이는 한국의 언론 행태와는 상반된다. 사회 부조리를 감시하고 비판해야 할 언론이 거꾸로 부조리를 변호하는 셈인데, 이는 기업 광고로 밥줄이 유지되는 언론의 생태와 무관하지 않다. 이스라엘은 2013년 12월에 여야 합의로 통과된 '반경제력집중법(Anti-Concentration Law)'이 시행된 지 6년이 지난 2019년 재벌의 소유지배구조 규제와 금산분리를 완료함으로써 재벌 개혁을 성공적으로 마무리할 수 있었다.

이밖에도 경제력 집중을 막는 보완적 입법을 단행했는데, 가령 소수주주 보호를 위해 주총에 '소수주주 동의제'를 도입한 것이다. 또 부당한 일감 몰아주기 방지 장치도 마련했다. 기업이 일감 몰아주기를 하기 전에 감사위원회와 이사회, 주주총회의 승인을 받도록 했다. 일감 몰아주기와 같은 내부거래가 경영상 합리성 때문인지 대주주의 사익 편취 때문인지, 소수주주가 '소수주주 동의제'를 통해 판단하도록 만든 것이다. 게다가 재벌 기업 총수 일가의 임원 보수도 3년에 한 번씩 소수주주의 동의를 받도록 했다. 재벌 일가라고 해서 과도한 급여를 가져가는 것은 소수주주에게 손해를 끼치는 부당한 착취라고 본 것이다.

또 하나 주목할 점은 정부가 소수주주의 소송 비용을 전액 지원해준다는 점이다. 대주주의 횡포를 막기 위해서는 소송이 필요한데, 이때 비용 문제로 소송하지 못하는 일이 발생하지 않도록 한 것이다. 한국과 달리 이스라엘 정부가 재벌 개혁과 재벌 기업의 부당한 경영 감시에 진심이라는 것을 실감할 수 있는 조치들이다.

한국의 재벌은 혁신 대상이지 청산 대상이 아니다. 우리의 재벌 기업들이 국가 경쟁력의 큰 부분을 담당해온 건 부인할 수 없는 사실이므로 재벌의 존재를 긍정적으로 받아들이고 글로벌 기업의 위상에 어울리는 합리적인 경영 체제로 전환하도록 혁신하는 데 힘을 쏟아야 할 때다. 그러니까 재벌 기업의 문제를 즉흥적 또는 감정적으로, 특히 정치적으로 다룰 게 아니라 글로벌 시장에 대응하는 전략적 차원에서 경제적으로 냉철하게 다뤄야 한다.

# 벤처·중소기업이
# 가야 할
# 길

◆

한국 경제의 미래는 벤처·중소기업의 성장에 달렸다. 벤처·중소기업의 성장은 양극화 해소에도 중요한 역할을 할 것이다. 양극화를 해소하기 위해 사회적 계층 이동 사다리를 사회 곳곳에 마련해야 한다. 국제 정세의 불확실성은 벤처·중소기업에 심대한 영향을 줄 것이다. 이에 미리 대처 방안을 마련해야 한다.

벤처·중소기업 투자학교를 만들어서 인재를 양성할 필요가 있다. 벤처·중소기업 진흥을 위한 투자 금융의 확대 등 전방위적인 노력이 필요한 시점이다.

우리 중소기업은 사업장을 중국, 동남아 등 시장은 넓고 인건비는 저렴한 지역으로 확장한 지 이미 오래되었다. 이제는 선진 공업국으로도 시장을 개척해 수출을 늘려가고 있다. 이런 한국의 중소기업은 기업 수로는 전체 기업의 99.9%(373만 여 개), 고용 비율로는 전체 고용인원의 90%(전체 노동자 1,730만 명 중 1,553만 명 고용)나 될 정도로 큰 비중을 차지한다. 부가가 치 창출액 합계는 대기업 전체와 비슷한 수준으로, 우리 경 제의 바탕을 이루고 있다.

**중소기업의 부가가치 창출이 늘어나 직원의 채용과 소득 증가가 이뤄질 때 비로소 소득불균형이 완화될 수 있다. 최저임금 상승과 주 52시간제 도입 등은 소득 상 승과 양극화 완화를 위한 시작일 뿐 실제로 그 성과가 나타나는 것은 중소기업의 창업과 부가가치 향상이 이 뤄질 때이다.**

하지만 그런 중소기업이 대기업 중심의 정부 정책으로 인 해 늘 어려움을 겪고 있고, 대기업보다 금융 지원이나 정부 발주 프로젝트 수주 등에서 불리한 위치에 있다. 게다가 대 기업의 납품단가 후려치기로 채산성이 떨어져 직원 처우 개 선이나 연구개발에 투자하기 어려운 구조적인 한계에 봉착 해 있다. 그뿐 아니라 애써 개발한 기술을 대기업이 거래 조건으로 부당하게 탈취하는 일마저 그치지 않고 있어 경영 환경이 매우 열악한 상태에 놓여 있다. 다른 지원은 그만두고라도 이런 불합리한 갑을 관계에 따른 횡포만 근절한다면 중소기업도 기업 하는 맛이 날 것이다.

스타트업을 포함한 벤처·중소기업이 경제에서 중요한 이유는 기술 혁신과 새로운 아이디어 창출의 요람이기 때문이다. 오늘날 세계적인 IT 기업들 대부분은 벤처기업이나 스타트업으로 출발했다. 대기업의 혁신도 따지고 보면 이런 스타트업 기업들의 혁신에 자극받은 바가 크다. 벤처·중소기업은 그 자체로도 무한한 성장 잠재력을 지니지만, 전체 기업 생태계를 약동시키는 메기 역할까지 하는 것이다.

전체 고용의 90%를 담당하는 중소기업의 채산성을 높여 직원 처우를 대기업 정규직의 80%선까지만 개선해도(현재는 복지 격차를 제외하고도 임금에서만 50% 수준) 국가 존립의 최대 위협 요소인 양극화는 상당 부분 해소될 것이다. 그렇게 되면 중소기업에서 일해도 충분히 생계를 유지할 수 있으므로 굳이 (임금도 더 낮은) 대기업 비정규직의 고단함을 감수할 필요가 없게 된다. 따라서 대기업도 인건비를 낮추기 위해 비정규직을 늘리는 꼼수를 부릴 수 없게 되어 비정규직 문제도 해결할 실마리를 얻게 될 것이다.

　다시 정리하면, 중소기업의 부가가치 창출이 늘어나 직원의 채용과 소득 증가가 이뤄질 때 비로소 소득불균형이 완화될 수 있다. 최저임금 상승과 주 52시간제 도입 등은 소득 상승과 양극화 완화를 위한 시작일 뿐 실제로 그 성과가 나타나는 것은 중소기업의 창업과 부가가치 향상이 이뤄질 때이다.

　결론은, 벤처·중소기업의 성장 동력을 키우는 데 정부와 기업계 및 금융계 그리고 노동계가 하나로 뜻을 모아 발 벗고 나서야 한다는 것이다. 그것만이 우리가 다시 사는 길이다.

대학에 전면 자율권을 주어야 한다.

그러려면 교육부부터 폐지해야 한다.

교육부를 그대로 두고서는 대학이 온전한 자율을 이룰 수 없다.

정부 부처는 존재하는 것만으로도 무엇이라도 하려 하므로

대학에 전면 자율권을 부여하려면 교육부 폐지가 동반되어야 한다.

그 대신 대학의 전면 자율화는 자립을 전제로 시행되어야 한다.

05

# 교육 혁신,
# 교육부
# 폐지부터

# 현행
# 선발 제도의
# 뿌리

◆

고려 광종 때 시행된 과거 제도는 숨은 인재를 찾아내 선발한다는 명분을 내걸었지만, 실은 왕권 강화가 주목적이었다. 그래서 귀족의 반발이 거셌다. 왕은 귀족의 반발을 보면서 과거 제도의 필요성을 더욱 절실하게 느꼈다.

이전에는 귀족이 거의 모든 중요 관직을 차지했고, 귀족의 자제이거나 귀족의 천거를 받아야만 관직에 진출할 수 있었다. 따라서 제아무리 출중한 재능을 지닌 인재라도 귀족이 아니면 출사할 길이 없었다.

비록 왕권 강화의 수단으로 도입된 과거 제도지만, 이후 천민만 아니라면 일반인도 관직에 진출하여 포부를 펼 길이 열렸다. 당시에는 이것만 해도 혁명적인 변화였다.

오늘날 한국을 시험의 지옥에 빠뜨린 각종 선발 제도의 실질적인 뿌리는 일제강점기에 일본에서 들어온 제도라고 할 수 있다. 오늘날 대한민국은 세 살배기 아이가 테스트를 거쳐 영어유치원에 들어가는 현실을 살고 있다. 세 살배기 아이가 입시를 보는 나라라니? 세상에 한국 말고 그런 나라가 또 있을까?

조선 시대에 와서는 음서제가 최소한으로 축소되고 과거 제도가 국가 관료 선발의 주요 공식 창구가 되었다. 조선 전기에는 조선 개창 공신 중심의 훈구 세력(급진 신진사대부 계열)이 관료 사회를 이뤘지만, 조선 중기 이후로는 재야에서 와신상담한 사림 세력(온건 신진사대부 계열)이 중종반정을 계기로 대거 관직에 진출하여 훈구 세력을 축출하고 관료 사회를 장악했다. 이후로는 관료 사회가 정책이나 정견에 따라 동인/서인, 남인/북인, 대북/소북, 노론/소론, 대윤/소윤, 시파/벽파와 같은 당파로 나뉜 사림 간의 각축장이 되었다. 흔히 말하는 사색당파의 사색은 동인과 서인에서 각각 분화한 남인·북인·노론·소론을 일컫는다.

그러다가 1894년(고종 31)에 단행된 갑오개혁으로 과거 제

도가 폐지되는 등 정치 제도가 크게 바뀌었다. 특히 인사·
재정·군사에서 왕권을 축소하는 대신 유명무실하던 의정부
에 실권을 부여하여 8개 부서로 구성된 내각을 통할하도록
했다. 게다가 사헌부·사간원·홍문관으로 구성된 대간 제도
를 폐지하는 한편, 내무아문 산하에 강력한 경찰기구인 경무
청을 신설하여 국민을 감시하고 반정부 활동을 규제할 수 있
도록 했다.

중앙 정부의 개편에 이어 관료제 개혁도 단행했는데, 18등
급의 품계를 12등급으로 축소하고 칙임관·주임관·판임관으
로 구분하였다. 특히 과거 제도를 폐지하는 대신에 선거조례
와 전고국조례를 제정하여 주임관과 판임관의 임용권을 의
정부 총리대신 및 각 아문 대신에게 부여하였다.

또 오랫동안 조선 사회의 폐단으로 지목되어온 제도와 관
습도 개혁했다. 문벌과 반상 제도의 혁파, 문무존비의 차별
폐지, 공사노비법의 혁파, 천인의 면천, 연좌법의 폐지, 양자
제도의 개선, 조혼 금지 및 과부의 재가 허용 등도 개혁안에
포함되었다.

이런 갑오개혁의 주요 사항은 대개 일본의 의중이 반영된
결과였으며, 조선이 이미 제국주의 열강의 각축장이 된 데다

가 1905년 을사늑약으로 사실상 국권을 상실하여 갑오개혁의 개혁 조치가 현실에서는 무의미하게 되었다.

앞에서 살펴보았듯이 고려 광종 때(958년) 과거 제도가 처음으로 실시된 이후 시험을 통한 인재 선발은 거의 끊이지 않고 이어졌다. 갑오개혁으로 과거제가 폐지된 때에도 의정부 산하에 공무원 시험(신식 과목)을 주관하는 부서들이 생겨 인재 선발 제도의 명맥을 이었다.

일제강점기에는 조선총독부가 본국에서 시행 중인 공무원 시험 제도를 가져와 조선인 엘리트 포섭 차원으로 조선인에게도 개방했다. 일제강점기 35년간 조선인 385명이 보통문관 시험에, 134명이 고등문관 시험에 합격하여 대부분 조선총독부 관료가 되었다. 해방 후에도 조선총독부의 문관 시험 틀이 한국 공무원 시험 제도에 답습되었다. 이뿐만 아니라 각급 학교 진학 시험도 일제강점기의 선발 방식이 거의 그대로 답습되었다. 그리하여 한국은 오늘날까지도 거의 모든 선발 시험이 줄세우기식 순위 고사의 틀에 갇혔다.

오늘날 한국을 시험의 지옥에 빠뜨린 각종 선발 제도의 실질적인 뿌리는 일제강점기에 일본에서 들여온 제도라고 할수 있다. 오늘날 대한민국은 세 살짜리 아이가 테스트를 거쳐 영어유치원에 들어가는 현실을 살고 있다. 세 살배기 아이가 입시를 보는 나라라니? 세상에 한국 말고 그런 나라가 또 있을까?

# 교육부 폐지로
# 대학의
# 전면 자율화

## 교육 혁신, 교육부부터 폐지해야

사실 교육 혁신의 바람
직한 방향은 이미 김대중 정부에서 대통령 주도로 제시한 바
있다. 김대중 대통령은 교육 체제에 본질적인 변화가 있어야
한다고 전제하고 특히 대학 입시 제도를 완전히 대학 자율에
맡겨야 한다고 역설했다. 규격 제품을 반복 생산하는 데 필
요한 산업 사회의 교육은 이제 21세기 정보화 시대에 맞게
고쳐야 한다면서 대학 선발권을 완전히 대학 자율에 맡길 방
침임을 천명한 것이다. 비록 여러 난관에 부딪혀 구상대로
실현되지는 못했지만, 혁신의 방향은 변화하는 시대 흐름에
맞게 제대로 잡은 것이었다.

나는 여기에다 교육부 폐지를 추가하여 제안한다. 교육부

를 그대로 두고서는 대학이 온전한 자율을 이룰 수 없다. 정부 부처는 존재하는 것만으로도 무엇이라도 하려 하므로 대학에 전면 자율권을 부여하려면 교육부 폐지가 동반되어야 한다. 그 대신 대학의 전면 자율화는 재정 자립을 전제로 시행되어야 한다. 대학 운영 예산의 상당 부분을 정부 지원금에 의존하는 지금의 구조로는, 교육부가 폐지된다 해도 국민 세금이 투입되는 한 정부나 국회의 감사는 필수이므로 어떤 형태로든 간섭을 피할 수 없기 때문이다. 학생선발권을 대학 자율에 맡기면 당연히 수능시험을 포함한 현행 대학 입시 제도는 전면 폐지된다.

## 모든 국립대를 서울대학교로

교육부를 폐지하고 학생선발권을 비롯한 학사 운영을 대학의 자율에 맡기되 교육 제도의 큰 틀은 법률로 규정해야 혼란을 피할 수 있다.

**대학의 학사를 개방하여 입학·졸업제를 폐지하고 학기제를 전면 학점제로 바꾸는 한편, 40개쯤 되는 모든 4년제 국립대를 서울대로 만들어 대학의 서열 구도를 허물**

어 입시 줄 세우기를 종식하기만 해도 고질적인 입시 병폐와 학력 차별의 악습이 상당 부분 해소될 것이다.

**첫째, 대학의 학사를 개방하여 입학·졸업제를 폐지하고 학기제를 전면 학점제로 바꾸는 것이다.** 현행 학사 제도는 (조건부 조기 졸업이 가능하긴 하지만) 기본적으로 입학 후 (학기마다 등록금을 내고) 8학기를 이수하면서 소정의 학점을 얻어야 졸업 자격을 부여하는데, 시기에 상관없이 소정의 학점만 얻으면 졸업 자격을 부여하는 것이다. 이때 학생은 별도의 등록금을 내는 대신 수강 신청한 과목의 수강료만 내면 되도록 한다.

**둘째, 모든 4년제 국립대를 서울대로 만들어 대학의 서열 구도를 허물어 입시 줄 세우기를 종식한다.** 우리나라 4년제 국립대는 교육대학을 포함해 모두 40개쯤 된다. 이 대학들을 모두 서울대학교로 전환하여 같은 기준으로 학생을 동시 선발하는 한편 교수진을 순환 근무하도록 하는 등의 조치를 통해 캠퍼스별로 서열이 발생하는 것을 원천 봉쇄한다. 이렇게만 해도 고질적인 입시 병폐와 학력 차별의 악습이 상당 부분 해소될 것이다.

여담이지만, 윤석열 대통령이 취임 초에 국무회의에서 '교육부 폐지'를 언급하면서 교육부에 불호령을 내렸다고 한다. '교육부 폐지' 말이 나와서 무슨 교육 혁신 차원인 줄 알고 살짝 기대했다가 그 발언의 맥락이 황당해서 다들 어안이 벙벙했을 터이다.

"교육부의 첫 번째 의무는 산업 발전에 필요한 인재 공급이다. 교육부가 스스로 경제부처라고 생각해야 한다."

그러니까 교육부가 이런 역할을 하지 못할 바에는 차라리 폐지하는 게 낫다는 그 말씀이다. 학교를 무슨 인력사무소쯤으로 규정하고 교육의 목적을 이윤 추구 정도로 여기는 인식이다. 이런 얘기를 듣고도 아무 소리도 하지 못한 교육부 장관도 자격 미달이기는 마찬가지다. 대통령부터 이 지경이니 교육 혁신은 현 정부에서는 기대 난망이다.

# 대학의 최소화, 학문 연구와 직업 교육의 분리

## 대학이 직업양성소 신세에서 벗어나야

한국이 전쟁의 폐허 위에 공업국가의 초석을 다지고 고도의 경제 성장을 이룬 배경의 하나로 흔히 '높은 교육열'을 꼽는다. 충분히 수긍이 가는 얘기지만, 높은 교육열이 덮어놓고 바람직한 것만은 아니다. 사실 우리나라 교육열은 높은 데 그치지 않고 엄청나게 과열되어서 교육은 물론이고 사회 전체에 심각한 병폐가 되고 있다.

문제의 출발은 대학의 왜곡에 있다. 대학의 기원이나 본연의 역할을 생각하면 오늘날 우리나라 대학은 이름만 대학이지 사실상 직업양성소나 마찬가지다. 그러니 고등학교를 졸업하면 으레 대학은 가는 것으로 여긴다. 부모로서는 무슨 일이 있어도 '남들 다 가는 대학' 내 자식도 꼭 보내야 한다. 대부분의 기업 입사 응시 자격도 으레 '대졸' 이상이다.

**문제의 출발은 대학의 왜곡에 있다. 대학의 기원이나 본연의 역할을 생각하면 오늘날 우리나라 대학은 이름만 대학이지 사실상 직업양성소나 마찬가지다. 그러니 고등학교 졸업하면 으레 대학은 가는 것으로 여긴다.**

그래서 한국의 대학 진학률은 세계에서 가장 높다. 한때 80% 이상까지 치솟았다가 조금씩 내려와 2023년도에는 73%다. 고등학교 졸업 이후 진로가 공부(학문)와 취업으로 분명하게 구분된 시스템이 잘 작동하는 프랑스와 독일 같은 나라는 대학 진학률이 40% 안팎에 불과하다. 종종 50%를 넘길 때도 있지만, 30%까지 떨어질 때도 있다. 취업하는 데 대학 졸업장이 꼭 필요한 게 아니어서 원하지 않는 공부를 굳이 할 필요가 없기 때문이다.

## 모델로 삼을 만한 독일의 교육

이런 점에서 유럽 선진국의 대학 교육은 우리에게 시사하는 바가 크다. 그 가운데 특히 독일의 사례가 주목된다.

독일은 대학까지 거의 모든 학교 교육이 무상으로 이루어진다. 6~18세 12년간은 의무교육을 시행하는데, 애초부터 교육과정이 취업·기술 과정과 고등 교육과정으로 나뉜다. 취업·기술 과정은 초·중등학교 10년 과정을 마치면 곧바로 취업한 상태에서 무상 의무교육인 직업학교를 2년간 더 다녀야 한다. 아니면 기술고등학교에 진학하여 2년에 걸친 무상 의무교육을 받고 고급기술직으로 취직한다. 고등교육과정(김나지움)은 초등과정 4년과 일반 중고등학교 과정 9년을 마치면 일반 정규대학 진학 자격이 주어지는데, 의학·경제·경영·법학 등 일부 학과를 제외하고는 입학 시험도 없다.

**독일이나 프랑스의 교육 제도를 그대로 수용할 수는 없지만, 많은 부분에서 배울 점이 많다. 특히 교육을 정부가 책임지고 대학까지 공교육 차원으로 운용하는 점이 훌륭**

**하다. 대학 본연의 역할을 살리면서도 양극화를 해소할 수 있는 제도적 장치를 마련한 것은 본보기로 삼아 우리도 꼭 시행할 필요가 있다.**

대학은 신학대학 등 특수대학을 제외하고는 대부분 주 정부에서 운영하는 주립대학으로 거의 무상교육이다. 대학 신입생은 30만 명 안팎이고, 전체 대학생은 170만 명으로 전체 인구(7,900만 명)의 약 2%다.

독일 대학은 등록금이 거의 무료일뿐더러 다양한 명목으로 생활비까지 지원된다. 가정 형편이 어려운 학생은 장려금을 받을 수 있는데, 절반은 장학금으로 처리되고 나머지 절반만 학자금 융자로 처리되어 취업한 이후에 분할 상환하도록 한다. 이런 혜택 덕분에 노동자 가정 출신의 대학 신입생이 지난 50년간 5배나 늘었다. 학문에 뜻이 있다면, 적어도 가난해서 대학 교육을 못 받는 일은 없게 된 효과다.

독일이나 프랑스의 교육 제도를 그대로 수용할 수는 없지만, 많은 부분에서 배울 점이 많다. 특히 교육을 정부가 책임지고 대학까지 공교육 차원으로 운용하는 점이 훌륭하다. 대학 본연의 역할을 살리면서도 양극화를 해소할 수 있는 제도적 장치를 마련한 것은 모범으로 삼아 우리도 꼭 시행할 필요가 있다.

　다시 덧붙여 강조하자면, 사립대학들은 저마다의 설립 목적과 운영 방식이 조금씩 다르기도 하므로 학생선발권을 포함한 학사 운영을 개별 대학 자율에 맡기고 정부는 필요한 재정 지원 및 행정 편의를 제공하는 선에서 그쳐야 한다. 다만, 국민 세금이 들어간 부분은 대학이 부정 사용 없이 신청 목적에 맞게 집행했는지만 감사를 통해 확인하면 될 일이다. 그리고 교육부 폐지 등으로 인해 생길 수 있는 행정 공백이나 여타 문제는 법령을 개정 또는 보완하여 대처하거나 대통령 직속 국가교육위원회 또는 각 대학이 속한 광역자치단체에 그 역할을 이첩하여 수행하도록 하면 될 것이다.

국방 혁신을 위해서는 현행 병역 제도부터 혁신할 필요가 있다.

남녀 모두 고등학교를 졸업하면 신체검사를 거쳐 통과

인원을 대상으로 6~8주간 군사훈련을 시행한다.

훈련을 마치면 남자는 1년간 현역 의무 복무,

여자는 지원자 가운데 필요 자원을 선발한다.

직업 군인은 1년의 기초 복무를 마친 지원자를 우선 선발한다.

의무 군 복무기간을 1년으로 대폭 줄이되 징병제와

모병제의 융합 그리고 예비군제도의 혁신으로

군 전력의 약화를 방지한다.

# 국방 혁신,
# 모병제로의
# 전환

# 낡은
# 병역 제도의
# 전면 개편

◆

병역 제도 혁신은 대외 안보 환경과 전략 전술의 전환 요소 그리고 현대전의 특성뿐 아니라 국민 일반의 인식 변화까지 다층적으로 고려해 이뤄져야 할 것이다. 또 하나는 병역 자원의 감소에 따른 방안도 고려해야 한다. 인구 감소 추세로 10년이 지나면 현행 병력 규모를 유지할 수 없게 된다는 점도 간과할 수 없다.

현재 우리 국군 상비병력은 50만 명(육군 36.5만 명, 해군 7만 명, 공군 6.5만 명)으로, 육군 병력 위주의 대군 체제를 벗어나지 못하고 있다. 국방 계획으로는 2027년까지는 상비병력을 50만 명으로 유지할 계획이지만, 인구 감소에 따라 50만 명의 병력 규모와 18개월의 복무 기간은 머잖아 유지할 수 없게 될 것이다.

육군 병력을 절반으로 줄이고 비숙련 단기 복무 인력인 사병 중심에서 숙련 장기 복무 인력인 간부 중심으로 병력 구조를 전환할 필요가 있다. 그러면 일반 사병은 복무기간을 12개월(육군 기준)까지 단축할 수 있다.

따라서 어떤 방식으로든 국방 혁신이 필요한 시점이다. 국군의 적정 병력을 합리적으로 결정하고 병력 감축 계획을 세우는 것이 시급하다. 병력 규모는 현실적인 위협 분석과 실현 가능한 군사 전략을 바탕으로 추산되어야 하며, 군 복무기간을 단축해야 한다. 현대전의 특성상 해·공군의 비중이 더 높아지고 육군의 비중이 점점 더 낮아지는 점을 참작한다면 육군 상시병력을 대폭 감축하고 예비군 제도를 개선하여 유사시 부족한 부분을 채우면 된다.

연구에 따르면, 해·공군 병력은 현행을 유지하거나 약간 늘려 각각 8만 명과 7만 명 선을 운용하고 육군은 15만 명 선이면 충분하다. 그렇다면 전체 상비병력을 50만 명에서 20만 명을 감축하여 30만 명 선에서 운용할 수 있다. 군의 체계가 첨단화·현대화할수록 상비병력은 그만큼 더 감축할 여지가 생긴다.

이렇게 육군 병력을 절반으로 줄이고 비숙련 단기 복무 인력인 사병 중심에서 숙련 장기 복무 인력인 간부 중심으로 병력 구조를 전환할 필요가 있다. 그러면 일반 사병은 복무 기간을 12개월(육군 기준)까지 단축할 수 있다.

정규군 감축에 맞추어 예비군 동원 기간을 줄여 병력을 대폭 축소하는 대신 예비군이 유사시 정규군을 대체할 수 있도록 소집 훈련을 강화하여 정예화해야 한다. 현재 우리나라 동원예비군 규모는 290만 명에 이르고 연간 5천억여 원의 예산을 쓴다. 연간 고작 2~3일의 가벼운 훈련에 어떻게 그런 막대한 예산이 드는지 의아하겠지만, 예산의 85%가 예비군 지휘관의 급료로 나간다고 한다. 그러므로 장비를 현대화하고 훈련을 실질화하여 예비군을 정예 병력으로 유지하려면 동원예비군 운영 규모를 50만 명 선으로 줄이고, 예산을 전력 강화에 사용하는 구조로 전환해야 한다. 그러니까 예비군을 퇴역 장교의 일자리 마련 수단 정도로 취급하는 구태에서 벗어나 훈련과 재정 운용 모두에서 실질적인 정규군 전력으로 유지해야 한다는 말이다.

# 징병제와
# 모병제의
# 융합

◆

국방 혁신을 위해서는 현행 병역 제도부터 혁신할 필요가 있다. 남녀 모두 고등학교를 졸업하면 신체검사를 거쳐 통과 인원을 대상으로 6~8주간 군사훈련을 시행한다. 훈련을 마치면 남자는 1년간 현역 의무 복무, 여자는 지원자 가운데 필요 자원을 선발한다. 직업 군인은 1년의 기초 복무를 마친 지원자를 우선 선발한다. 의무 군 복무기간을 1년으로 대폭 줄이되 징병제와 모병제의 융합 그리고 예비군 제도의 혁신으로 군 전력의 약화를 방지한다.

이 밖에도 다양한 플랫폼으로 군 전력을 양성하고 강화하는 한편 군인의 처우를 획기적으로 개선하여 사기를 높이고, 군인 직업에 자긍심을 갖도록 한다.

국제 정세와 무기 체계의 변화 등 국방 환경을 고려하면 예비전력의 역할은 더욱 중요해질 것이다. 유사시 즉각 대응력을 높이기 위해서는 상비군 보강이 가장 좋겠지만, 예산의 제한 등 여러 제약 요소로 인해 모든 전력을 상비할 수는 없다. 그러므로 상비전력과 예비전력을 적정하게 배합하고 전력 연계성을 높이는 것이 중요하다.

예비군 제도의 혁신에 관해 구체적인 사항을 몇 가지 덧붙이면 다음과 같다.

첫째, 예비군 규모가 과대하므로 상비전력과 함께 국가 총력전의 한 축으로 예비군의 적정 규모를 유지하고, 연차에 따라 훈련과 운영 방식을 달리하는 등 예비군을 효율적으로 관리해야 한다.

둘째, 예비군의 임무 및 역할을 분명하게 규정하고 역할에 맞춰 훈련하고 전력을 유지해야 한다. 현재는 향토 방위와 전시병력 동원의 역할이 혼재하는데 병역 의무의 연장선에서 예비군 제도를 인식하고 혁신할 필요가 있다.

셋째, 예비 전투병력 역량을 기대하기에는 현행 예비군 지휘 및 편성 체계가 취약하다. 예비군 교육 훈련이 형식에 그치고 있는 점도 전시 운영과의 연계성을 떨어뜨린다. 국민 편의를 고려한 제도 혁신 논의도 중요하지만, 군 전력 강화가 우선임을 간과해서는 안 된다.

예비군 제도의 혁신에 대해서는 미국이 하나의 좋은 참고 사례가 될 수 있다. 미국의 예비군은 한국과는 개념이 좀 다르다. 평소에는 생업에 종사하는 대신 정기적으로 훈련을 받고 자원하거나 군 수요에 따라 현역으로 전환할 수 있다. 그야말로 정예군의 전투력을 유지한 채로 유사시를 대비하는 즉시 전력의 예비 병력이다. 한국도 이런 예비군 체제를 확립한다면 상비군 규모를 최소한으로 유지하면서도 국방에 필요한 전력을 유지할 수 있을 것이다. 그렇게 생긴 여력으로 상비군의 처우를 개선하고 무기 체계의 현대화와 첨단화에 좀 더 충실할 수 있을 것이다.

국제 정세와 무기 체계의 변화 등 국방 환경을 고려하면 예비전력의 역할은 더욱 중요해질 것이다. 유사시 즉각 대응력을 높이기 위해서는 상비군 보강이 가장 좋겠지만, 예산의 제한 등 여러 제약 요소로 인해 모든 전력을 상비할 수는 없다. 그러므로 상비전력과 예비전력을 적정하게 배합하고 전력 연계성을 높이는 것이 중요하다.

# 조·일 전쟁에서 배우는 교훈

◆

1592년 발발한 조·일 전쟁에는 임진란(1592~1593)과 정유재란(1597~1598)의 두 전쟁이 존재한다. 강화 협상이 최종 결렬되자 1597년 1월 왜군이 재차 침략하니 정유재란의 시작이다.

임진란 때 해전에서 이순신의 조선 수군에 연전연패하여 해상을 장악하지 못함으로써 끝내 패하여 물러난 왜군은 1957년 재침을 앞두고 이순신을 제거하기 위해 반간계를 썼다. 조선 조정에 심어놓은 첩자를 통해 왜군이 부산 앞바다로 다시 쳐들어온다는 정보를 흘린 것이다. 그러면 틀림없이 조선 정부가 이순신에게 출전을 명하리라 내다본 것이다. 만약 출전한다면 매복했다가 격살하면 될 것이고, 출전하지 않는다면 항명죄로 처형될 것이므로 전쟁을 앞두고 이순신을 제거하기에는 이만한 책략이 없었다. 이순신이 건재하는 한 해전에서의 승리는 불가능하다는 걸 절감한 왜군이 짜낸 이순신 제거 책략은 절묘했다.

결과는 일본의 책략대로 맞아떨어졌다. 이순신은 부산 앞바다로 즉각 출동하여 적을 맞을 것을 하달받았지만, 부산 앞바다는 조선 수군의 무덤이 되리라는 걸 너무 잘 알고 있어서 출전 명령에 따르지 못하는 대신 적을 깊숙이 유인해 무찌를 방략을 궁리했다.

결국, 파직된 이순신은 한양으로 압송되어 혹독한 고문으로 적과의 내통을 추궁당했다. 서애 류성룡을 비롯한 몇몇 대신의 구명으로 가까스로 목숨을 건진 것은 그나마 다행이었다. 그러는 가운데 새로 삼도수군통제사가 된 원균이 칠천량 전투에서 참패하여 조선 수군이 전멸하고 원균도 전사했다. 조선 조정은 백의종군하던 이순신을 다시 통제사로 삼을 수밖에 없었다. 그런데 임금과 도원수 권율은 수군을 폐지하여 육군에 예속하려 했다. 이에 이순신은 장계를 통해 바다를 포기하면 전쟁에서 이길 수 없는 이유를 들고 "신에게는 아직 열두 척의 배가 있나이다. 죽을힘을 다해 막아 싸운다면 오히려 할 수 있는 일"이라며 간곡히 호소하여 수군의 폐지를 막아 조선을 위기에서 구했다.

**1598년 12월, 마침내 왜군이 물러가고 전쟁이 끝났다. 그러자 기다렸다는 듯이 임금은 곧바로 류성룡을 삭탈관직에 처하는 동시에 류성룡이 추진한 모든 개혁 정책을 철폐하고 다시 그전으로 돌아갔다. 오늘날 윤석열 정부의 미친 반동을 보고 있자니 어쩌면 선조 정부와 그리도 닮았는지, 역사는 진보하는 게 아니라 그저 돌고 도는 것인가 싶어 한탄한다.**

오늘날에도 여전히 선조의 무지몽매한 독선이 해상과 공중에서 재연되고 있다. 해상 작전을 육상 작전의 곁가지 정도로 인식하던 조선 시대식 지상군 숭상 문화 때문이다. 국방 혁신은 이런 인식의 전환으로부터 출발해야 한다. 현대전을 제대로 통찰할 수 있는 전문 작전지휘 능력을 갖추는 것이다. "북한의 위협보다 더 두려운 건 합참의 부적절한 간섭"이라는 해군 장성의 푸념이 그냥 나오는 말이 아니다. 지난날 서북해역방어사령부를 만들려던 국방 개혁 과제도 육군의 반대로 무산되기도 했다.

이순신이 제독으로서 전쟁의 최일선에서 적을 막고 분쇄했다면, 류성룡은 총괄지휘자로서 후방에서 전쟁 물자의 보급과 병력 모집을 위한 국방 혁신 그리고 흩어진 전력의 연결과 같은 막중한 임무를 수행했다.

류성룡이 단행한 국방 혁신 중 단연 눈에 띄는 조치는 전시 개병제 도입으로 군역에서 빠진 양반과 천민도 모두 병역 의무를 지게 한 것이다. 양반의 나라 조선에서 천민이 병역 의무에서 빠진 것은 천민의 대부분을 차지하는 사노비가 양반들의 재산이어서 재산을 지키려고 양반 본인은 물론 노비까지 군역을 면제시킨 것이다. 류성룡은 조정 신료와 양반 사회의 격렬한 반대를 무릅쓰고 천민이라도 전공을 세우면 면천과 함께 과거시험 응시 자격까지 부여하는 조치를 관철했다. 그리고 또 하나, 전비를 마련하고 백성의 삶을 안정시키기 위해 작미법을 시행하고 양반에게도 납세 의무를 지웠다. 공물(세금)을 쌀로 환산하여 바치게 하는 작미법은 방납의 폐단을 근절하고 부자 증세(양반 납세)를 도모하는 방책으로, 훗날 대동법의 기초가 되었다.

이런 일련의 조치는 조정 대소 신료를 비롯한 양반 사회의 격렬한 반발을 샀다. 막대한 왕실 경작지를 보유한 임금도 기득권의 일원으로 은근히 그에 가세했다. 국력이 약해 전쟁의 참화를 당하는 중에도 사리사욕에 눈이 먼 임금과 양반들에게는 나라야 망하든 말든 안중에도 없었다. 이에 류성룡은 다음과 같은 통렬한 말로 임금을 설득했다.

"갑자기 긴급한 변란을 만나면, 평상시와는 다른 행동거지를 취하여 정세를 변동시키고 시국을 구제할 계책을 마련하지 않고서, 반드시 말하기를 '옛날부터 내려오는 습관을 변경할 수가 없으며, 여러 사람의 뜻을 어길 수 없다'고 주장하고 있으니, 이것은 마치 쌀밥과 고기 반찬을 먹고서 병을 고치려 하고, 나막신을 신고서 큰 강을 건너려는 것과도 같습니다."

전란 중에 있으니 류성룡을 내칠 수 없어 그가 취한 조치를 따를 수밖에 없었지만, 임금을 비롯한 양반들은 이를 갈고 있었다. 그러는 가운데 나중에 류성룡을 제거할 구실을 쌓기 위해 없는 사실을 꾸며 그를 무고했다. 그가 쓸데없는 토목공사를 해서 국고를 탕진하고, 뇌물을 수수하였으며, 관직을 멋대로 남발하여 선심을 쓰고, 심복들을 안팎에 포진시켰다는 것이다. 심지어는 명나라 경리 양호가 머무는 객관에 "류성룡이 심유경과 모의하여 화친을 주장함으로써 나라를 망

첸다"는 비방 글을 날조하여 몰래 붙이기까지 했다. 정유재란의 책임까지 덮어씌우려 한 것이다.

임금도 여러 가지 일로 류성룡에게 감정이 상했지만, 속내를 숨긴 채 꾹 참고 있었다. 임진왜란 때 의주까지 쫓긴 임금이 "우리나라의 형세로는 절대로 이 적을 당할 수 없으니, 중국 사람이 와서 이 땅에 와서 둔병하고 둔전하는 것도 안 될 것 없다"면서 압록강을 건너 명나라로 도망치려 하자 류성룡이 그러면 사직이 영영 끝장난다며 앞길을 막고 비켜서지 않았다. 또 정유재란이 일어나자 겁을 먹은 임금이 중전 박씨부터 피난 보내려는 것을 류성룡이 막았다. 매사 류성룡이 옳은 줄 알면서도 임금은 이래저래 못마땅했다.

1598년 12월, 마침내 왜군이 물러가고 전쟁이 끝났다. 그러자 기다렸다는 듯이 임금은 곧바로 류성룡을 삭탈관직에 처하는 동시에 류성룡이 추진한 모든 개혁 정책을 철폐하고 다시 그전으로 돌아갔다. 오늘날 윤석열 정부의 미친 반동을 보고 있자니 어쩌면 선조 정부와 그리도 닮았는지, 역사는 진보하는 게 아니라 그저 돌고 도는 것인가 싶어 한탄한다.

정치의 할 일이 공정한 분배라면 우리나라는

정치가 할 일이 더욱 막중하다.

자본주의 사회가 고도하면서 빈부격차가 갈수록 심화하고 있는데,

우리나라의 빈부격차는 더 심각한 수준이다.

자산소득의 격차는 말할 것도 없지만,

근로소득 격차 역시 빠르게 커지고 있다는 데

문제의 심각성이 더한다.

07

# 보건 · 복지 · 사회 혁신, 양극화 해소부터

# 양극화 해소는
# 최우선
# 국정 과제

◆

　한국은 비약적인 경제 성장과 산업 발전을 이뤄 선진국의 진입을 공식화했지만, 극심해진 양극화가 빚은 폐해는 재앙 수준이다. 특히 양극화로 인한 청년 세대의 박탈감은 인내의 한계선을 넘어 '자포 세대'를 낳았다. 결혼 포기, 자녀 포기와 같은 많은 포기로 인해 사회가 긍정의 활력을 잃고 출산율은 단연 세계 최저로 0.7을 찍고 제로를 행해 곤두박질치는 중이다. 그러지 않아도 인구와 사회 인프라의 수도권 쏠림 현상으로 지방이 소멸해가는 중에 출산율 저하는 지방의 급속한 소멸을 더욱 부채질하고 있다.

　청년층의 자포 세대 등장이든 출산율의 저하든 지방의 소멸이든 간에, 모든 것의 근원은 소득의 양극화와 산업과 국토 발전의 불균형에 있다. 최근 집값이 다시 급등하는 추세에 있다지만, 다수 서민에게는 남의 일이 된 지 오래다. 팔 집도 없거니와 집을 살 여력도 없기 때문이다. 부동산 등락 문제는 땅 가진 사람들이나 투기꾼들 문제이지 대다수 국민 의 민생과는 아무 상관이 없다. 서민이 노동으로 번 돈을 모 아 작으나마 내 집을 마련하던 시절은 현재의 집값이 반의반 토막이 나지 않는 한 이미 언감생심 꿈도 꿀 수 없는 전설이 되고 말았다.

**정치의 기본은 민생이다. 민생의 가장 중요한 화두는 양극화 해소다. 한국의 양극화는 부동산, 교육, 출산 및 육아, 취업, 의료, 노인 복지 등 사회 전반에 걸쳐 있다. 가난하고 소외되고 병들고 외로운 사회적 약자들의 삶 을 국가와 사회가 제도적으로 뒷받침해야 한다. 국가적 무관심과 사회적 무관용의 이기심이 작동해서는 안 될 것이다.**

"곳간에서 인심 나온다"는 속담을 빌리자면, 곳간에서 민 주주의 나온다. 국민이 고루 잘 살아야 민주주의도 안녕할 수 있다는 말이다. 그래서 더욱 사회의 병폐인 양극화 해소에 진력해야 한다. 정치 성향, 출생 지역, 계층, 성별에 따른 어떤 차별도 없이 사람을 편안하게 살게 하는 것이 중요하다. 그것이 바로 민생을 살피는 일이다. 이 땅의 소외되고 병들고 늙고 가난한 사람들, 그리고 사회적 기반이 약한 젊은이들을 위한 정부 특별 지원을 전제로 한 다양한 형태의 특별 임대주택을 보급해야 할 것이다.

정치의 기본은 민생이다. 민생의 가장 중요한 화두는 양극화 해소다. 한국의 양극화는 부동산, 교육, 출산 및 육아, 취업, 의료, 노인 복지 등 사회 전반에 걸쳐 있다. 가난하고 소외되고 병들고 외로운 사회적 약자들의 삶을 국가와 사회가 제도적으로 뒷받침해야 한다. 국가적 무관심과 사회적 무관용의 이기심이 작동해서는 안 될 것이다.

우리 사회가 양극화 해소를 위한 공정하고 온유한 문화의 사랑이 꽃피는 공동운명체의 삶으로 전진하도록 만들어가야 한다. 지금 신혼부부나 젊은이가 자신의 소득으로 집을 소유한다는 것은 거의 불가능한 일이다. 국가와 사회가 이들이 꿈과 소망을 이루도록 거들어야 한다.

젊은이들에게 적합한 주택 공급에 필요한 장소와 환경을 만들려는 발상의 전환에 따른 지원과 협력이 있어야만 한다.

국가는 발상의 전환(교육 제도·토지·세제·국방·취업·금융 등 현실적인 대안)을 통해 분명하고 현실적인 정책과 구체적인 대책을 제시해야 한다. 그린벨트를 훼손하지 않더라도 공공주택의 소유 및 민간 분양의 임대주택을 제공할 수 있어야 한다. 정부와 자치단체에서 공사의 구분 없이 다양한 형태의 대안과 필요한 선택을 할 수 있어야 한다. 국가는 젊은이들의 미래 삶의 공간에 대한 비전을 제시할 수 있어야 한다. 매우 특별한 사고와 행위에 대한 '자유의 확장된 공간'을 만들어주는 데 정책 역량을 쏟아야 한다.

# 저출산·고령화 문제, 양극화 해소가 열쇠

◆

세계적으로 초저출산율과 초고령화는 우리만의 문제는 아니다. 이 땅의 분단 비극을 극복하고 평화와 공영 그리고 자유의 길을 찾아가는 여정에서 초저출산율과 초고령화에 대한 대응책은 국가 핵심 과제이다.

대한민국의 생존을 위한 필수 대책으로 장기적 전략이 요구된다. 현재의 초저출산 고령화에 효과적으로 대응하지 못하면 우리의 미래는 없다. 글로벌 시대 변화에 뒤처진 국가 균형 발전 전략은 폐지하고 국가 거점 발전 전략으로 수정하는 새로운 성장 발전 전략과 모멘텀을 가져야 할 것이다. 자녀를 입양하고 양육하는 데 걸림돌이 되는 구태의연한 제도와 법을 개정하는 데 정부와 시민이 함께하는 운동이 필요하다(아이가 없는 가정, 가령 윤석열 대통령 부부가 솔선하여 아이를 입양하는 것을 시작으로 사회 환경을 조성하려는 노력을 실천해가야 할 것이다).

**저출산과 초고령화 문제를 근본적으로 해결하려면 먼저 양극화부터 해소해야 한다. 그렇다면 양극화 해소는 무엇으로부터 할 것인가. 바로 공정한 분배 구조를 만드는 일부터 해야 한다. 경제 성장에 따른 부의 분배가 공정하게 이루어지지 않아서 생긴 양극화이므로 그 원인을 제거하면 해결되게 마련이다.**

앞에서도 말했듯이 저출산과 초고령화 문제를 근본적으로 해결하려면 먼저 양극화부터 해소해야 한다. 그렇다면 양극화 해소는 무엇으로부터 할 것인가. 바로 공정한 분배 구조를 만드는 일부터 해야 한다. 경제 성장에 따른 부의 분배가 공정하게 이루어지지 않아서 생긴 양극화이므로 그 원인을 제거하면 해결되게 마련이다.

정치의 할 일이 공정한 분배라면 우리나라는 정치가 할 일이 더욱 막중하다. 자본주의 사회가 고도하면서 빈부 격차가 갈수록 심화하고 있는데, 우리나라의 빈부 격차는 더 심각한 수준이다. 자산소득의 격차는 말할 것도 없지만, 근로소득 격차 역시 빠르게 커지고 있다는 데 문제의 심각성이 더한다.

2023년 5분위(상위 20%) 가구 월평균 소득(680만여 원)은 1분위(하위 20%) 가구소득(90만여 원)의 7.55배였다. 1997년 IMF 사태 이후 본격화한 소득 양극화 추세가 갈수록 가파른 곡선을 그리고 있다. 그런데도 여전히 성장만 하면 분배는 자연히 따른다는 성장지상주의가 우리 정치와 사회를 지배하고 있다. 그나마 민주당 정부에서 불씨를 살려가던 분배의 정의는 정권이 바뀌고 나서 아예 그 뿌리조차 뽑힐 위기에 처했다. 윤석열 정부는 1970년대식 성장주의를 꺼내 들고 사실상 노동 탄압을 일삼으면서 노조에 '성장을 방해하는 적'의 프레임을 씌우고 있다. 그런 가운데 노동 정책은 날로 퇴행을 거듭하고 있다.

경제적 정의는 아리스토텔레스의 견해와 같이 분배적 정의와 평균적 정의로 나눠 볼 수 있다. 윤석열 정부 들어 분배적 정의가 무시되는 가운데 분배적 정의가 갖는 가치가 새삼 소중하게 여겨진다. 분배적 정의는 사회구성원 모두가 자신의 능력을 계발하도록 돕는 것은 좋은 일이며 공통의 책무라는 사실에서 시작된다.

# 의료 체계, 복지와 산업 사이

## 의료 대란, 숫자에 사로잡힌 대통령의 독선

지난 총선 직전에 윤석열 정부는 의사의 절대 수가 부족하다는 명분과 국민의 감상적 지지에 의지하여 필수 기본 절차조차 생략한 채 뜬금없이 '의대 정원 2,000명 확대' 정책을 들고 나왔다. 의사 수 확대의 필요성이야 진작에 논의되어온 사항이니 새로울 것 하나 없지만, 처음부터 2,000명을 못 박고 나온 건 아무래도 의아했다. '과학적'을 숭상해 마지않는 대통령도 왜 2,000명인지 아무런 과학적 근거를 대지 못했다. 누가 봐도 총선용 졸속 벼락 행정이었다. 그로 인해 우선 의료개혁의 주체이자 대상인 의료인이 모두 반대하는 가운데 의료계는 파행과 혼란을 겪어야 했다.

대통령이 불쑥 던진 '의료 개혁안'은 2,000명이라는 숫자만 선명할 뿐 무엇을 왜 어떻게 개혁할 것인지, 또 의사 수와 무관하게 공동화되어 가는 지방 의료와 공공 의료는 그만큼 숫자를 늘리면 해결되는 것인지, 개혁이 완성되면 궁극적으로 변화된 우리 의료 미래는 어떤 모습인지 하는 구체적인 방안과 비전이 모조리 빠져 있다. 의사 수 증원에 쌍수를 들어 환영하는 일반 국민도 이런 엉터리 개혁안을 보고 고개를 젓는데 의료계를 어떻게 설득한단 말인가.

**의료 혁신은 교육 혁신과 마찬가지로 절대 선거용으로 이용해서는 안 된다. 종합적이고 장기적인 계획과 비전을 마련하고 충분한 논의와 사회적 합의를 거쳐 필요한 환경을 보완해가면서 단계별로 시행해야 할 장기 과제이기 때문이다.**

총선이 끝나자 역시나 대통령은 줄곧 2,000명만 고집한 채 근본적인 문제 해결에는 전혀 관심이 없다. 그러는 사이에 의료개혁은 산으로 가고 진짜 의료대란을 부르고 말았다. 그런데 국민의 눈에는 별로 중요해 보이지도 않은 2,000명이라는 숫자가 어디서 나왔길래 그토록 신주 모시듯 하는 걸까. 온갖 추측이 난무하건만 대통령은 묵묵부답이다.

앞에서 학생 선발권을 비롯하여 대학의 전면 자율화를 제안했는데, 의과 대학 역시 예외는 아니므로 그런 교육 혁신이 일어나면 의대 정원도 정부가 간섭할 일이 못 된다. 대학에 맡기고 정부 예산이 지원되는 부분만 감사원이든 국회든 감사를 시행하여 지원금이 제대로 쓰이고 있는지 확인만 하면 된다.

의료 혁신은 교육 혁신과 마찬가지로 절대 선거용으로 이용해서는 안 된다. 종합적이고 장기적인 계획과 비전을 마련하고 충분한 논의와 사회적 합의를 거쳐 필요한 환경을 보완해가면서 단계별로 시행해야 하는 장기 과제이기 때문이다.

현행 국민 의료보험 체계 및 관련 시장의 민감한 사안을 분석하고 탄력적인 운용 방안을 마련하면서 혁신을 공유해야 한다. 현재 부족한 의과 대학을 설립하고 의료인을 양성해야 하는 지역과 시대의 요청에 따라 교육 혁신이 실천할 수 있는 협의를 진행하고 합리적인 방안을 만들어가야 한다.

## 양질의 공공의료 서비스 강화

"모든 보건의료가 공공의료"라던 시절이 있었지만, 코로나 사태를 계기로 인식이 크게 바뀌었다. 의료계 희생이 필요한 코로나 유행 초기에 민간의료는 (치명률 및 전파 속도 등이 알려지지 않아 불안했던 때문인지) 코로나 감염 환자들을 기피한 반면에 공공의료는 앞장서 진료했다. 그렇게 코로나 사태를 거치면서 공공병원에 대한 시민의 인식이 바뀌기 시작하면서 공공의료를 강화해야 한다는 목소리가 높아졌다.

공공의료기관이 없던 울산, 광주 등의 지자체는 공공의료원 설치를 추진하기 시작했고 이미 공공병원이 있는 인천, 대구 등의 지자체는 제2의 공공의료원 설치를 약속했다. 물론 여러 이유와 난관으로 지자체의 뜻대로 다 되지는 않았지만, 공공의료에 대한 인식이 달라지고 관심이 증폭된 것만은 사실이었다.

**보건의료 체계의 공공성 부족은 그동안 우리 사회가 지닌 고질적 문제로, 이번 의대 증원을 둘러싼 논란과는 별개로 지금도 지방에서 필수의료 위기는 서민의 과도한**

**의료비 부담이라는 현실로 나타나고 있다. 더 큰 문제는 앞으로 인구 감소, 기후 위기 등과 더불어 이러한 위기가 시민의 일상이 될 것이라는 사실이다.**

이번 의사 파업을 둘러싸고 드러난 현상이지만 지방에는 필수의료를 담당할 의사가 절대 부족하므로 의사 수는 반드시 늘려야 한다. 그러나 현행 의대 교육 방식과 의료전달체계를 그대로 두고서는 아무리 의사 수가 많이 늘어도 지방에서 필수의료를 전공할 것 같지 않다는 전망이 일반적이다. 이런 근본적인 문제는 덮어둔 채로 '의대 증원 2,000명'만 달랑 내미는 개혁안을 누가 개혁이라고 인정할 것인가. 의료계에 싸움을 걸어 선거에서 표를 더 얻겠다는 심산이 아니라면 도무지 이해할 수 없는 미스터리다.

보건의료 체계의 공공성 부족은 그동안 우리 사회가 지닌 고질적 문제로, 이번 의대 증원을 둘러싼 논란과는 별개로 지금도 지방에서 필수의료 위기는 서민의 과도한 의료비 부담이라는 현실로 나타나고 있다. 더 큰 문제는 앞으로 인구 감소, 기후 위기 등과 더불어 이러한 위기가 시민의 일상이 될 것이라는 사실이다. 그러나 이에 대처하는 정부 정책은 기존 민간의료기관의 시장 중심 의료서비스 관리 체계에 갇혀 제자리걸음이다. 정부는 건강보험수가의 증감을 통해 수요를 조절하고 의료 공급을 통제할 수 있다는 전제로 보건의료 정책을 시행해온 것이다. 그에 미치지 못하는 도서·산간 지역이나 노숙인 등 의료취약계층에는 보충적 공공의료를 서비스해 왔지만, 이제 그런 보충적 공공의료만으로는 지역 필수의료를 지켜낼 수 없다. 공공병원 중심의 새로운 공공의료 시스템이 필요하게 된 것이다.

공공병원은 그저 공공기관이 설치했다는 의미의 공립병원 차원을 넘어 공공의 건강 이익을 위해 당사자인 시민의 관심과 참여가 공공병원 운영에 중요한 역할을 해야 한다. 실제로 이제까지 공공병원은 취약계층에 대한 건강 보호와 재난 상황에서의 진료 외에 일상에서 시민이 요구하는 정책 의료에서는 그다지 큰 역할을 하지 못했다.


큰일이다. 윤석열 정부가 의료 대란을 막는다며 밀어붙인 의료 개혁, 정확히 말하면 의대 정원 2,000명 증원 정책이 진짜 의료 대란을 부르고 말았다. 이미 진행된 의료체계의 속절없는 붕괴에 전국의 의료 현장이 아우성을 치는 마당에 대통령과 해당 부처 장관만 문제없이 잘 돌아가고 있다며 태연자약하다.

의대 정원 문제는 이제 대학 자율에 맡겨야 한다. 정부는 큰 원칙만 세우고 진료비 수가 조정과 같은 인프라를 혁신하는 데 집중하면서 나머지는 대학과 의료인 자율에 맡기고 전체 의료 체계가 우리 사회에 필요한 공공성을 유지하도록 유도하는 역할에 그쳐야 한다. 이해관계가 복잡하게 얽힌 데다가 국민 복리에 커다란 영향을 끼치는 중요한 국정 과제일수록 충분한 논의와 시간이 필요하다. 그 과정에서 겪어야 할 진통을 제대로 거치지 않으면 그 사안은 두고두고 갈등의 요소로 남게 될 것이다. 문제는 회피한다고 저절로 해결되거나 사라지진 않는다.

오늘날 이 소란의 원인은 아무래도 앞뒤 맥락 없이 불쑥 내던지고 본 근거 불명의 '2,000명'에 있지 싶다. 정치를 주사위부터 던지고 보는 야바위로 해서는 안 된다.

1970년 12월, 브란트 서독 총리가 폴란드 바르샤바를 방문하여

제2차 세계대전 중 희생된 유대인 위령탑에 헌화하는데

겨울비가 내렸다.

총리는 그에 아랑곳하지 않고 콘크리트 바닥에 무릎을 꿇고

오랫동안 묵념했다. 나치에 희생된 모든 사람에게 올리는

진심 어린 사죄를 본 세계 언론은 감동의 평을 남겼다.

"무릎을 꿇은 것은 한 사람이었지만, 일어선 것은 독일 전체였다."

08

# 친일 반국가 세력,
# 막장으로 치닫는
# 역사 전쟁

# 적반하장,
# 친일 매국노를
# 청산하지 못한 대가

## 프랑스의 나치 부역자 소탕

　　　　　제2차 세계대전 중에 프랑스 망명정부와 레지스탕스를 이끈 드골 장군은 파리 수복 즉시 약 1만 명의 나치 부역 지식인(작가·언론인·교수 등)을 처단하고 이후 특별법을 제정하여 약 10만 명의 나치 부역자를 처단했다.

　그와는 반대로 대한민국의 이승만 초대 대통령은 일제 부역자를 단죄하려고 국회가 설치한 반민특위를 폭력으로 파괴하고 과거사 청산을 좌절시켰다.

　현재 윤석열 정부의 연이은 뉴라이트 인사 기용과 친일 굴종 행위는 반국가행위로 비난받아 마땅하다. 정작 본인이 반국가행위를 일삼으면서 "반국가세력 척결" 운운하는 윤석열 대통령의 광복절 언사에 순국선열이 지하에서 통곡한다.

## 반민특위를 짓밟은 이승만의 배반

우리 역사에서 외부의 잦은 침략과 자연 도태될 수밖에 없는 척박한 이 땅 위에 산업화·민주화를 이끌어 찬란한 문화를 꽃피운 우리의 생존과 자유는 귀한 것이다.

대한민국 초대 대통령 이승만은 불행하게도 반민족행위특별조사위원회(반민특위)를 와해시키고 친일 세력과 극우·반공 세력을 자신의 정치 기반으로 삼음으로써 해방국가의 정체성을 훼손하고 결국은 참담한 독재자의 길로 들어섰다.

제2차 세계대전에서 나치 독일에 항거해 자유 프랑스를 이끈 드골 장군이 파리 수복 후에 나치 독일에 부역한 약 1만 명의 지식인을 즉시 처단하고 이후 특별법을 통해 약 10만 명의 나치 부역자를 처단한 것과 비교된다.

우리도 해방 직후에 적어도 동아일보사 사주 김성수, 조선일보사 사주 방응모, 소설가 이광수, 역사학자 최남선, 시인 모윤숙, 일제 고등계 형사, 일본군 장교, 독립군 사냥꾼(밀정)과 같은 악질 친일반민족행위자들은 모두 색출하여 즉결 처분했어야 했다.

　이승만의 반민특위 파괴 행위는 제2차 세계대전에서 나치 독일에 항거해 자유 프랑스를 이끈 드골 장군이 파리 수복 후에 나치 독일에 부역한 약 1만 명의 지식인을 즉시 처단하고 이후 특별법을 통해 약 10만 명의 나치 부역자를 처단한 것과 비교된다. 우리도 해방 직후에 적어도 동아일보사 사주 김성수, 조선일보사 사주 방응모, 소설가 이광수, 역사학자 최남선, 총독부 관리 이능화, 시인 모윤숙, 일제 고등계 형사, 일본군 장교, 독립군 사냥꾼(밀정)과 같은 악질 친일반민족행위자들은 모두 색출하여 즉결 처분했어야 했다.

　이 땅의 생존과 자유의 장애물인 수많은 현대판 밀정들, 뉴라이트 인사들이 윤석열 정부를 등에 업고 이제는 아예 대놓고 활개를 친다. 일제 조선총독부 조선어편수회에서 식민통치를 위해 간행한 왜곡 변질 출판물, 《조선사》 37권 일제 식민사학의 총화가 한국 강단 사학계에서 '실증사학'으로 변모하여 한국사를 왜곡하고 변질하게 놔둬서는 안 될 것이다(조선총독부 정무총감을 책임자로 한 조선사편수회에는 동경제국대학 역사학과를 중심으로 당대 조선의 최고 지식인이라는 최남선을 비롯하여 원조 친일사학자 이병도, 신석호 등이 참여했다). 이 땅의 생존과 자유의 길은 일제 식민사학에서 변장한 실증사학의 뿌리를 제거하고 한국사를 제자리에 환원시키는 길을 찾아 역사를 바로 세우는 길이다.

대표적인 친일사학자 이병도·신석호를 떠받드는 강단 사학계 213명으로 구성된 편찬위원회가 《전라도 천년사》 집필을 주도하여 철 지난 일제 식민사관을 소환하는 행태는 용납할 수가 없다. 현행 《전라도 천년사》 발행 사업을 즉각 중지, 전면 폐기하고 새로운 편찬위원회를 구성하는 원칙과 절차를 만들어야 한다. 이를 계기로 일제 식민사학에 뿌리를 둔 강단 사학계에서 주도하는 국사편찬위원회에 대한 무한 개혁 조치가 요구되는 성찰의 깨우침이 있어야 한다. 민족정기를 말살시키고 식민통치를 위해 곡필로 쓰인 《조선사》 37권과 일제에 부역하여 반민족 행위를 일삼은 이병도·신석호의 잔재를 뒤늦게나마 깨끗이 척결해야 한다.

# 극우 뉴라이트가
# 판치는
# 윤석열 정부

◆

윤석열 대통령이 역사를 거꾸로 돌리는 반동으로 폭주하고 있다. 독립운동을 폄훼하거나 친일부역을 합리화하거나 일제강점을 옹호하는 극우 유튜버 뉴라이트 인사들을 정부 요직에 속속 기용하고 있다. 그것도 독립기념관·한국학중앙연구원·동북아역사재단 등 역사를 바로 세워야 할 기관의 수장에 오히려 역사를 망치고자 설쳐온 인사들을 발탁하고, 방송통신위원회 위원장에는 가장 반언론적인 인사를 앉히며, 노동부 장관에는 반노동자적 막말을 일삼아온 인사를 잘도 찾아서 기용한다.

**극우 유튜버 뉴라이트 인사들이 정부 요직에 속속 기용되고 있다. 그것도 독립기념관·한국학중앙연구원·동북**

아역사재단 등 역사를 바로 세워야 할 기관의 수장에 오히려 역사를 망치고자 설쳐온 인사들을 발탁하고, 방송통신위원회 위원장에는 가장 반언론적인 인사를 앉히며, 노동부 장관에는 반노동자적 막말을 일삼아온 인사를 잘도 찾아서 기용한다.

뉴라이트 계열 학자들은 "독도는 우리 땅이 아니"라고 강변하기도 한다. 독도가 대한민국 영토임을 부정하고, 위안부와 강제노동 등 일제의 만행을 모조리 부정하는 《반일 종족주의》를 펴낸 공동 저자는 대표 저자 격인 이영훈을 비롯한 6명이다. 그 가운데 〈월간조선〉 편집장을 지낸 김용삼만 제외하고 모두 낙성대경제연구소 멤버다. 뉴라이트의 대부로 불리는 서울대 교수 안병직과 성균관대 교수 이대근이 공동 창립한 낙성대경제연구소는 식민지 근대화론을 주장해온 뉴라이트의 본거지라고 할 수 있다. 그런데 어찌 된 영문인지 주로 이런 인사들이 윤석열 정부에서 주요 역사 관련 기관에 이름을 올리고 있다. 뉴라이트의 약진을 넘어 그야말로 뉴라이트의 창궐이다.

윤석열 정부가 추구하는 가치 외교는 냉전 시대의 녹슨 유물이다. 자유민주주의 시장경제 가치동맹은 실체도 없고 실익도 없다. 윤석열 대통령 혼자만의 독백으로, 외교 안보를 외통수로 몰아 더욱 위태롭게 할 뿐이다. 대일 굴종 외교는 국가적 수치이다. 국민에 대한 배신이요, 역사에 대한 반역이다. 뉴라이트를 창안한 안병직, 반일종족주의를 주장한 이영훈, 전 서울대 서양사학과 교수 이인호 같은 친일 인사들은 학자의 양심으로 반성하고 참회해야 한다. 그러지 않으면 이 땅의 역사는 반드시 이들을 응징할 것이다.

윤석열 대통령은 극우 뉴라이트 인사들 임용을 서슴지 않으면서 입만 열면 국민 갈라치기에 열심이다. 국정의 최고책임자인 대통령이 국민의 70%를 반국가세력으로 음해하고 뉴라이트 같은 반국가세력을 대변하고 옹호하니 탄핵을 자초하고 있다.

권력에 눈이 멀어 대한민국 헌법을 짓밟은 독재자 이승만을 '국부'로 상징조작한 뉴라이트 반국가세력은 대한민국 정부 수립일인 1948년을 건국절로 둔갑시키고 식민지 근대화론까지 주장한다. 정안기는 《테러리스트 김구》를 펴내 백범을 한낱 테러리스트로 격하함으로써 임시정부의 법통과 독립운동까지 부정하고 나섰다. 이 땅의 생존과 자유의 길을 빼앗아 가는 반국가세력이고, 즉결 처형감인 현대판 밀정이 아닐 수 없다.

일제의 현대판 밀정인 뉴라이트 인사들을 정부와 공공 분야에서 철저하게 배제하고 응징해야 한다. 이들은 반국가행위를 참회하고 현직에서 물러나서 자숙해야 한다. 이들이 스스로 물러나지 않는다고 해도 이 땅의 생존과 자유의 여정에서 걸러지고 도태될 것이다. 이 땅의 생존과 자유의 역사가 그들을 절대 용서하지 않을 것이다.

국정 브리핑에서 윤석열 대통령이 내보인 유체이탈 화법, 실제와 동떨어진 현실 인식, 비판 의견을 적대시하는 반민주적 독선은 창피하다. 국가와 국민을 배신하는 행위로써 스스로 탄핵의 매를 벌고 있다. 그의 친일·반북 정책은 냉전 시대 자유주의 향수를 부르는 극우 뉴라이트 계열의 잘못된 역사 인식에 기대어 있다.

최근에는 독도 앞바다 20km 앞까지 일본 해상 순시선이 출몰하는 사태가 발생했다. 일본 해상 순시선의 상습적 위법 행위에 정부는 엄중하게 대처해야 하는데도 지난 1년 동안 쉬쉬하는 상황에 있다. 오히려 일본이 우리의 독도 영유권 행사에 제동을 걸며 경고하는 형국이다. 미 캠프 데이비드

한·미·일 정상 회담 후 한미일 정부가 군사동맹에 준하는 협정을 올해 말 서명을 목표로 준비하고 있다는 기막힌 상황이 보도되고 있다(1905년 7월, 대한제국과 필리핀을 사이좋게 나눠 갖자는 일본과 미국의 카스라-태프트 밀약을 잊어서는 안 된다).

# 현대판 밀정과 역사 인식의 왜곡

## 이승만은 국부가 아니다

윤석열 정부 출범 이후 정부 차원에서 역사를 퇴행시키고 있다. 무엇보다 독선과 독재로 민주주의를 파괴하다가 쫓겨난 이승만을 국부로 떠받드는 우상화 시도는 우려스럽다. 그 우상화 작업의 하나로 다큐멘터리 〈건국 전쟁〉을 만들어 유포함으로써 심각한 역사 왜곡까지 저지르고 있다.

윤석열 대통령까지 "그동안 제대로 알려지지 않았던 대한민국 건국 과정과 그 중심에 서 있었던 이승만 대통령에 관한 진실을 담아낸 작품으로, 우리나라 역사를 올바르게 인식할 수 있는 기회"라며 〈건국 전쟁〉 홍보에 앞장섰다. 이후로 관변단체 중심으로 단체관람이 줄을 잇고, 그것을 또 대단한

흥행으로 포장하여 선전한다.

이렇게 대통령부터 나서서 이승만을 띄우려고 홍범도 장군을 비롯한 육군사관학교 내 독립운동가 흉상 철거에 앞장서고 월남 이상재 선생 기념사업 예산을 끊어버렸는가도 싶다. 이런 배경에는 뉴라이트의 창궐이 있다. 이들이 속속 윤석열 정부의 요직을 차지하면서 뉴라이트는 날개를 달고 비상하는 형국이다.

**역사학자 전우용 박사가 지적한 대로 "대한민국 헌법 전문은 그 기록과 증언, 기억을 토대로 '불의에 항거한 4·19'라고 명시해서 이승만을 '불의'로 확정했다. 그런 이승만을 미화한 다큐멘터리를 보고 역사를 제대로 알았다고 말하는 건 자기 무식을 고백하는 짓이며, 그 다큐멘터리를 보라고 남에게 권유하는 건 자기 무식을 자랑하는 짓"이다.**

윤석열 대통령은 지난 8월 김형석 (재)대한민국역사와미래 이사장의 독립기념관장 임명을 강행함으로써 동북아역사재단, 한국학중앙연구원, 국사편찬위원회에 이어 주요 역사 관련 기관의 수장을 모두 뉴라이트 인사로 채웠다. 본인들의 말을 통하는 것만으로 그 면면을 확인할 수 있는데, 대통령이 국민을 개 돼지로 보지 않는다면 도저히 할 수 없는 인사였다.

박지향 동북아역사재단 이사장은 "현재 우리 국민 수준은 1940년대 영국 국민보다 못하다"고 국민을 능멸하고, 김낙년 한국학중앙연구원장은 "일제가 쌀을 수탈한 게 아니라 우리가 수출한 것"이라며 일본 극우의 논리를 대변하며, 허동현 국사편찬위원장은 "홍범도 장군의 흉상이 육사에 있는 것은 어불성설"이라 강변하고, 김형석 독립기념관장은 "박근혜 대통령은 역사전쟁의 가장 큰 피해자"라면서 "친일인명사전부터 손보겠다"고 취임 일성을 날렸다. 극단적인 친일·숭미에 기댄 반국가집단인 이들 뉴라이트 세력은 독재자 이승만을 국부로 추앙하면서 8·15 광복절에 '건국절'이라는 해괴한 명칭을 갖다 붙인다.

역사학자 전우용 박사가 지적한 대로 "대한민국 헌법 전문은 그 기록과 증언, 기억을 토대로 '불의에 항거한 4·19'라고 명시해서 이승만을 '불의'로 확정했다. 그런 이승만을 미화한 다큐멘터리를 보고 역사를 제대로 알았다고 말하는 건 자기 무식을 고백하는 짓이며, 그런 다큐멘터리를 보라고 남에게 권유하는 건 자기 무식을 자랑하는 짓"이다.

이승만은 자기 임기를 연장하기 위해 헌법을 2번이나 뜯어고친 헌법의 적이다. 1952년의 발췌 개헌, 1954년의 사사오입 개헌은 세계적으로도 유례가 드문 헌법 파괴 행위다. 게다가 1960년에는 사상 초유의 3·15 부정선거를 일으켜 시민을 능멸하고 민주주의를 짓밟았다.

이승만 정권은 숱한 민간인 학살을 저질렀다. 1948년 여순사건, 제주 4·3 사건, 한국 전쟁 중의 보도연맹 학살사건, 거창 양민 학살사건 등이다.

그뿐이 아니다. 이승만은 독립운동가라고 하기에도 미심쩍은 행적이 수두룩하다. 친일반민족행위자 청산을 위해 국회 입법을 거쳐 발족시킨 반민특위를 파괴한 장본인도 이승만이다. 또 대한민국 임시정부 초대 대통령이던 그는 1922년 미국 윌슨 대통령에게 위임통치 청원을 한 사실이 적발되어 탄핵당해 대통령직에서 쫓겨나기도 했다. 그는 권력욕 때문에 임시정부를 분열시킨 장본인이기도 하다.

하지만 대한민국 초대 대통령 이승만의 공도 과도 모두 우리가 지고 가야 할 우리 역사다. 그러니 과를 공으로 덮어버리려 하거나 공을 과로 엎어버리려 하는 건 역사적 평가를 벗어닌 정치적 편향일뿐더러 온당치 못한 태도다. 3·1 의거의 뜻을 모아 대한민국임시정부를 탄생시키고 대한광복군까지 창설했지만, 국제 사회의 공인을 받지 못해 자주독립국으로 해방되지 못한 역사는 천추의 한으로 남는다.

## 1948년 8월 15일은 건국절이 아니다

유럽 제국주의 국가들이 앞다투어 전 세계에 식민지 영토를 확장하는 가운데 조선도 그들의 손쉬운 먹잇감이 되었다. 이후 긴 식민지 신세를 벗어나 해방에 이르렀지만, 미소를 비롯한 강대국들의 장난으로, 연합국의 일원이고자 한 우리는 전범국 일본 대신 분단의 비극을 맞고 동서 냉전의 희생양이 되어 동족상잔의 전쟁까지 겪어야 했다.

한국 전쟁은 그 자체로 엄청난 비극이지만, 민중을 신분 사회의 오랜 질곡에서 해방하기도 했다. 전쟁 이후 신분 사회가 실질적으로 해체된 것이다. 주자학 근본주의에서 비롯한 신분 질서와 중화 사대주의는 조선 민중의 삶을 극도로 피폐하게 했다. 조선이 명·청 교체기의 국제 정세에 무지하거나 어두웠던 것만은 아니다. 여러 경로로 정보를 접했지만, 사대의 명분에 사로잡혀 재앙을 자초한 것이니 국가의 존립과 민중의 생존에는 관심이 없었다.

조선의 못난 왕과 집권 세력에 의해 처형된 동학의 지도자 최제우와 최시형은 봉건 조선 사회를 개혁하여 신분을 타파하고 민중의 노예적인 삶을 혁신하려 했다. 외세로부터 국가와 백성을 지키고 봉건 사회를 개혁하려 봉기한 동학농민혁명은 정부가 불러들인 외세에 의해 짓밟히고 말았다. 민중을 대표하여 일어선 갑오농민전쟁의 지도자 녹두장군 전봉준이 붙잡혀 한양으로 압송되는 장면은 제국주의 침략자들의 득세와 조선의 멸망을 보여주는 상징이다. 갑오농민전쟁에서 조선 정부의 용병으로 나서 일방적인 승리를 거둔 제국주의 일본의 국권 침탈은 거침이 없게 되었다.

**1948년 8월 15일은 건국절이 아니며, 건국절이 될 수도 없다. 1919년 상해임시정부와 독립 투쟁의 역사를 부정하고 이승만을 '국부'로 내세워 1948년 정부 수립을 건국이라고 우기는 자들은 1910년 일제의 강제 병탄을 합법으로 인정하는 반역자들이다. 간도와 만주 그리고**

## 연해주에서 풍찬노숙의 독립 투쟁을 전개하다가 산화한 순국선열의 삶을 왜곡하고 욕되게 해서는 안 될 것이다.

기미년(1919) 3월 1일의 민중 봉기. 조선 민중 혁명의 만세가 한반도 방방곡곡에 울려 퍼졌다. 전 세계는 주목했다. 제국주의 식민지에서 전 민족의 동시 비폭력 궐기는 인류 역사상 유일무이하다. 수십 인의 민족 지도자를 비롯한 거국적인 민족 비폭력 항거는 전 세계의 이목을 집중시키고 위대한 역사를 썼다. 미국의 윌슨 대통령이 천명한 민족 자결주의 원칙은 우리의 독립 투쟁 의욕을 고무시켰지만, 정작 조선 민중은 그로부터 아무런 지지도 도움도 받지 못했다.

아메리카에서의 영향력을 확대하려고 유럽 열강을 견제하기 위한 전략으로 천명된 윌슨의 민족 자결주의 원칙은 한반도를 비롯한 아시아에는 전혀 해당하지 않았다. 식민지 확대를 위한 미국의 침략성도 여느 제국주의 열강과 다르지 않았다. 아니, 오히려 더욱 교활하고 탐욕스러웠다.

1919년, 대한민국 임시정부는 중국 상해에서 전 세계에 망명정부의 탄생을 알렸다. 왕정을 극복한 공화국 대한민국의 탄생이다. 대한민국의 존재와 역사가 시작된 것이다. 헌법

전문에 명시된 자랑스러운 기미년 3·1 의거와 대한민국의 탄생. 상해임시정부의 건립은 일제의 강제 병탄이 원천 무효임을 천명하는 실천적 선언이다. 그런 자랑스러운 역사를 부정하고 일본 제국주의 침략 논리에 굴종하는 윤석열 정부를 비롯한 뉴라이트 세력은 반국가행위로 법적 처벌과 역사의 심판을 받게 될 것이다.

1948년 8월 15일은 건국절이 아니며, 건국절이 될 수도 없다. 1919년 상해임시정부와 독립 투쟁의 역사를 부정하고 이승만을 '국부'로 내세워 1948년 정부 수립을 건국이라고 우기는 자들은 1910년 일제의 강제 병탄을 합법으로 인정하는 반역자들이다. 간도와 만주 그리고 연해주에서 풍찬노숙의 독립 투쟁을 전개하다가 산화한 순국선열의 삶을 왜곡하고 욕되게 해서는 안 될 것이다.

해방 정국에서 좌·우익활동의 대립과 충돌, 신탁통치와 분단의 역사는 처참하다. 상해임시정부 김구 주석과 의열단 단장 김원봉의 위대한 독립 투쟁에 대한 존경과 감사는 진실해야 한다. 태평양 전쟁 막바지에 우리 광복군이 (일제의 갑작스러운 항복 선언으로 인해) 미국 OSS와 함께 국내 진공 작전을 펼치지 못한 불운은 천추의 한으로 남는다.

김구 주석도 그 점을 우려해 마지않았다. 아니나 다를까, 전후 처리에서 우리의 발언권은 주어지 않았고 주권국의 지위는 전혀 고려되거나 인정되지 않았다. 그렇게 분단된 암흑의 역사를 딛고 미래를 위해 남북한은 화해와 협력의 길로 들어서야 할 것이다.

# 용서와 화해보다
# 반성과 사죄가
# 먼저다

◆

"저는 오늘 여러분 앞에 서서 용서를 구합니다. 독일인의 역사적 책임에는 끝이 없습니다."

2023년 3월, 프랑크발터 슈타인마이어 독일 대통령은 폴란드 바르샤바에서 열린 '바르샤바 게토 봉기 80주년' 기념식에서 "역사적 책임엔 끝이 없다"며 엄숙히 사죄했다. '게토'는 유대인 강제격리 구역을 말한다.

1970년 12월, 브란트 서독 총리가 폴란드 바르샤바를 방문하여 제2차 세계대전 중 희생된 유대인 위령탑에 헌화하는데 겨울비가 내렸다. 총리는 그에 아랑곳하지 않고 콘크리트 바닥에 무릎을 꿇고 오랫동안 묵념했다. 나치에 희생된 모든 사람에게 올리는 진심 어린 사죄를 본 세계 언론은 감동의 평을 남겼다.

"무릎을 꿇은 것은 한 사람이었지만, 일어선 것은 독일 전체였다."

독일의 반성은 지금도 계속되고 있어 "역사적 책임엔 끝이 없다"는 반성을 행동으로 실천 중이다.

**일본은 제국주의 시대의 범죄를 반성하기는커녕 그리워하고 미화하는 극우의 목소리만 날로 고개를 바짝 치켜든다. 역사 왜곡과 독도 침탈 시도는 이제 아예 일상이 되었다. 과거에 대한 반성과 사죄가 없으니 무엇으로 화해하고 협력한단 말인가. 아직도 제국주의 침략 근성을 버리지 못한 나라와 함께할 미래가 어디 있다는 말인가.**

그런데 일본은 어떤가? 침략과 강제동원을 비롯한 전쟁 범죄와 식민 지배의 과거가 불과 10년 전일 때도, 50년 전일 때도 진정한 사과도 반성도 하지 않았다. 전쟁 범죄의 최고 책임자인 일왕이 어떤 처벌도 받지 않았고 정치인들은 지금도 일급 전범의 위패를 모아둔 신사를 성지 삼아 참배한다. 제국주의 시대의 범죄를 반성하기는커녕 그리워하고 미화하는 극우의 목소리만 날로 고개를 바짝 치켜든다. 역사 왜곡과 독도 침탈 시도는 이제 아예 일상이 되었다. 과거에 대한 반성과 사죄가 없으니 무엇으로 화해하고 협력한다는 말인가. 아직도 제국주의 침략 근성을 버리지 못한 나라와 함께할 미래가 어디 있다는 말인가.

그런데도 윤석열 정부는 굴욕 외교, 참사 외교라는 말이 나올 정도로 일방적으로 굽히고 퍼주는 대일 외교를 국민의 뜻을 어겨가면서까지 이어가고 있다. 대통령은 이를 '가치 외교'로 포장하고 '국익' 운운하는데 무슨 가치가 있고 무슨 국익이 있다는 말인지 되묻지 않을 수 없다. 그러는 중에 강제징용 문제 해법으로 내놓은 '제3자 변제안'이 대통령의 아이디어라는 자랑질에 아연실색한다. 가해자는 일본인데 한국 기업이 대신 변제한다는 게 말이나 되는 소린가. 당연히 피해자와 유족들은 정부의 해괴한 제안을 거부하고 전범 기업 미쓰비시중공업을 상대로 직접 배상받기 위해 추가 법적 대응에 나섰다. 우리 정부의 엉뚱한 제안에 일본 정부조차 의구심을 품자 윤석열 대통령은 "강제징용 구상권을 상정하지 않겠다"는 선물로 일본 정부의 심기를 살폈다.

일본 언론에 따르면 한일 정상 간 회담에서 위안부 합의, 독도 문제, 후쿠시마 오염수 방류와 수산물 수입 문제도 논의되었다는데 대통령실은 이를 확인해 줄 수도 공개할 수 없다고 한다. 대체 어떤 이야기가 오갔기에 국민에게조차 숨기는지 알다가도 모를 일이다.

윤석열 대통령은 자진하여 일본 정부의 심기를 살펴 거의 모든 것을 양보하고 나서 국민 보기에 멋쩍었는지 '우리가 먼저 빈 병의 반을 채웠으니 나머지 반은 일본이 채울 것'이라고 그럴싸한 비유까지 써가며 변명했다. 그러나 돌아온 일본의 응답은 참담하다. 일본 정부는 보란 듯이 독도를 자국의 영토로 규정하고 한국이 불법 점거하고 있다는 거짓 내용을 초등학교 교과서에 수록하는 검정 결과를 발표했다. 또 일제 강점기 조선인 징병에 관한 기술에서도 '강제성'을 삭제하여 범죄 사실을 은닉했다.

용서와 화해는 먼저 사죄와 반성이 전제되어야 한다는 것을 이런 일본의 적반하장의 태도가 극명하게 보여준다. 윤석열 정부는 "역사를 잊은 민족에게 미래는 없다"는 사실을 뼈에 새겨야 할 것이다.

박정희 정권은 급기야 지역감정을 부추겨

정치적 도구로 활용하기 시작했다.

앞 번 선거에서 본인이 '나라를 망칠 이간질',

'19세기식 잔재' 라고 맹비난했던 그 수법을 써먹은 것이다.

경상도 지역에는 "전라도 사람들이여 단결하라!" 는

유인물이 뿌려지고, 김대중 후보의 벽보 밑에는

"호남 후보에게 몰표를 주자!" 는 격문이 나붙었다.

김대중은 유세에서 자신의 이름으로 뿌려진 유인물을 꺼내 들고

"내 이름을 도용해 이런 유인물을 돌린 공화당 사람들은 천벌을

받을 것" 이라고 외쳤다.

09

# 누가 영·호남을
# 지역주의로
# 내몰았나

# 차별과
# 반목의
# 뿌리

## 왕건의 〈훈요십조〉와 정여립 사건을 오용한 헛소리들

지역 갈라치기를 통해 정치적 선동을 일삼는 자들이 고려 태조 왕건이 남긴 〈훈요 10조〉와 조선 선조 때 일어난 '정여립 역모 사건'을 근거 삼아 호남지역을 반역의 땅이라고 폄훼하면서, 호남지역 차별은 박정희나 전두환에 원인이 있지 않고 이미 그때부터 있었다고 주장한다.

그러나 이런 주장은 터무니없다. 이들이 차별의 근거로 삼는 〈훈요 10조〉 중 제8조는 "차현(車峴) 이남 공주강(公州江) 밖은 산형지세(山形地勢)가 배역(背逆)하니 그 지방의 사람을 등용하지 말라"는 것이다. 그럼 이 조항을 자세히 뜯어보자.

"차현 이남 공주강 밖"은 차현 남쪽, 즉 공주강 북쪽이라는 뜻이다. '공주강'이라는 강 이름은 어디에도 없으므로 공주강은 공주에 있는 강, 즉 금강을 일컫는다. 그러니 '공주강밖'은 공주를 기준으로 금강 바깥이므로 공주 북쪽의 충청도 한가운데, 오늘날의 세종시와 청주시 지역이다. 바로 이곳이 궁예가 거병한 궁예의 본거지다. 왕건은 (호남지역 사람이 아니라) 궁예의 세력을 등용하지 말라고 한 것이다.

태조 왕건의 행보만 봐도 호남지역을 배척한 흔적이 없을뿐더러 오히려 호남지역을 존중하고 우대했다. 왕건을 이어 즉위한 혜종의 모후 장화왕후 오씨는 나주 호족의 딸이다. 혜종은 나주 외가에서 태어나 자라는 중에 부왕의 부름을 받고 태자가 되었다. 왕건은 가장 강력한 동맹으로 자신의 창업에 공을 세운 나주 호족 가문의 인사를 대거 등용하여 보답했으며, 후삼국을 통일한 후에도 호남지역을 홀대하거나 차별한 적이 없다. 다른 지역보다 더 우대한 것이 차별이라면 차별했다고 할 수 있다.

이제 또 하나 호남 차별의 근거로 삼는 정여립 모반 사건을 살펴보자.

조선 선조는 공화정 사상을 주창한 정여립을 역모로 몰고 숱한 선비를 그에 연루시켜 숙청했다. 조일 전쟁 직전의 기축옥사로, 집권 세력이던 동인 1천여 명이 처형되거나 유배되었다. 전쟁에서 승군을 이끌고 크게 활약하고 전후 포로 송환에도 혁혁한 공을 세운 서산대사와 사명대사까지도 심문을 받아 하마터면 숙청될 뻔했다.

정여립 사건 이후 호남 출신이 인사상 불이익을 받는 등 차별을 받았다는 말이 돌았고, 또 그런 정황은 어느 정도 사실이지만 (모반 사건이 일어난 배역의 고장이라고 그런 게 아니라) 동인의 일부 바탕이 호남에 있으므로 정여립 사건을 조작하여 정권을 잡은 서인이 동인 세력을 견제하기 위해 호남을 배제한 것이다. 호남뿐 아니라 동인 세력과 연관이 깊은 영남을 함께 배제한 사실로 미뤄봐도 차별의 목적이 특정 지역이 아니라 동인의 배제에 있음을 알 수 있다.

기축옥사는 정여립 사후 400여 년이 지난 지금까지도 반역과 무고를 둘러싸고 논란이 분분하다. "정여립의 모반으로 인해 전라도가 서북지방처럼 반역 향의 낙인이 찍혀 이후 출사의 길이 막히는 등 차별을 받았다"는 주장이 분분하지만, 사실과 다르다. 정여립은 모반하지도 않았으며, 그 사건 이후로 전라도가 차별을 받았다고 확증할 만한 역사적 근거도 없다. 〈선조수정실록〉이야 선조가 정여립을 역도로 몰아붙인 장본인이니 정여립을 반란수괴로 기록하는 것이 당연하다.

"애초에 여립이 왕의 견책을 자주 입고 호남 금구현으로 달아나서 전주에 거주하기도 하고 김제·진안의 별장을 왕래하였다. 조정에서 그의 퇴휴를 애석히 여겨 천거가 잇따랐지만, 임금이 끝내 윤허하지 않았다. 여립이 본디 발호하는 뜻이 있는 데다 억압이 심하게 되자 모반의 뜻을 더욱 굳히게 되었다. 이에 강학(講學)을 빌미로 무뢰배를 불러모았는데, 무사와 승려도 있었다. 복종하여 따르는 자가 문을 메우고 선물과 증여가 넘쳐나니 자산이 실로 관청과 같았는데 이것으로 몰래 무리를 길렀다. 이때 나라의 군정(軍政)이 문란하고 재정이 고갈되었는데, 해마다 흉년과 재변이 들고 도적이 간간이 일어났다. 민간에서 항상 일족과 이웃의 군포(軍布)를 징수하는 것을 괴롭게 여기고 북계(北界) 백성을 쇄환하는 소요가 있었다. 여립이 이를 반란 조짐으로 여기고 드디어 그들과 반란을 도모하기로 결의했다. 또 해서는 풍속이 완악한 데다가 일찍이 임꺽정의 난이 있음을 보고 (여립이) 황해도사 (黃海都事)가 되기를 청하였으나 이루지 못하였다. 이에 안악 사람 변숭복·박연령, 해주 사람 지함두 등과 몰래 교류하여 돌려가며 꾀니 응하는 자가 수백 명이나 되었다."(〈선조수정실록〉권23 선조 22년 10월)

호시탐탐 동인 타도의 기회를 노리던 서인은 정여립의 비범한 행동과 몇몇 참설을 내세워 그를 역모로 몰았다. 정여립의 아들 이름이 옥남(玉男)인데, 옥(玉) 자에서 점을 지우면 곧 왕(王)이 된다는 허무맹랑한 말까지 지어내 역모 혐의를 보탰다. 이 밖에도 정여립이 만든 대동계(大同契)를 모반을 위한 무력양성집단이라고 모함했다. 그러나 대동계는 모반을 꾀하기는커녕 국난이 일어나자 팔을 걷어붙이고 구국 활동을 벌였다. 1587년(선조 20)에는 왜구가 전라도를 침탈하자 전주 부윤의 요청으로 대동계 무사들을 불러모아 왜구를 물리치기도 했다. 낙향한 정여립은 일찍이 왜구의 침략을 내다보고 그에 대비한 것이다.

정여립은 강직한 성품으로 인해 중앙 정치에서 밀려나 낙향했지만, 지역의 대소 수령이 다투어 그를 찾아 문안할 만큼 인망이 높았다. 자나 깨나 동인 타도를 노리던 서인에게 그런 정여립의 행보는 더없이 좋은 구실이 되었다. 서인의 영수 정철의 주도로 황해도 관찰사를 비롯한 휘하 여러 군수가 연명한 장계로 고변이 이루어졌다. 이어 "소식을 접한 정여립이 아들과 함께 죽도로 피신했다가 관군의 포위망이 좁혀들자 자결했다"는 장계가 올라갔다. 자결이 아니라 타살이라는 의혹도 제기되었지만, 아무튼 그의 죽음으로 역모는 기정사실이 되고 말았다. 자결이든 타살이든 서인의 의도대로 결말이 났다.

이 사건에는 도무지 이해할 수 없는 몇 가지 의문이 남는다. 조작의 냄새가 진동한다는 얘기다. 정여립이 고변 소식을 듣고 도망친 게 사실이라면 왜 지리산과 같은 심산유곡을 두고 하필 훤히 드러난 낙도로 피신했는지, 역적모의가 사실이라면 왜 정작 모의가 일어난 전라도가 아닌 저 멀고도 먼 황해도 지역에서 먼저 알아채고 고변했는지, 모반을 목적으로 군대를 양성했다면 왜구를 격퇴할 정도의 실력을 갖추고서 왜 한 번 싸워보지도 않고 맥없이 도주하여 자결했는지 하는 의문을 고변이나 이후의 장계만으로는 설명할 길이 없다.

물론 임금은 천하공물론(天下公物論)과 하사비군론(何事非君論)으로 집약되는 정여립의 공화 사상에 위협을 느꼈을 수도 있다. "천하는 공물인데 어찌 주인이 따로 있으며, 충신이 두 임금을 섬기지 않는다는 것은 성인의 통론이 아니"라는 혁명적 주장은 어느 임금인들 달가울 리 없다. 하지만 이는 맹자의 역성혁명론에 부합하는 말이니 공맹의 나라 조선에서 맹자의 사상을 얘기했다고 해서 역모로 모는 것은 분명히 사상 공작의 의도가 있다. 말의 맥락을 끊어 거두절미하고 무고하기에 맞춤한 구절만 따로 떼어 내서 유력한 증거로 내민 혐의가 있다는 말이다.

정여립 사건 이후 호남 출신이 인사상 불이익을 받는 등 차별을 받았다는 말이 돌았고, 또 그런 정황은 어느 정도 사실이지만 (모반 사건이 일어난 배역의 고장이라고 그런 게 아니라) 동인의 바탕이 호남에 있으므로 정여립 사건을 조작하여 정권을 잡은 서인이 동인 세력을 견제하기 위해 호남을 배제한 것이다. 호남뿐 아니라 동인 세력과 연관이 깊은 영남을 함께 배제한 사실로 미뤄봐도 차별의 목적이 특정 지역이 아니라 동인의 배제에 있음을 알 수 있다.

정리하면, 주로 수도 한양을 중심으로 경기·호서지역을 근거지로 삼은 서인 세력이 동인의 몰락 이후에도 건재하여 득세하면서 하향(호남과 영남) 지역을 차별한 것이다.

기축옥사를 계기로 사실상 남인과 북인으로 분열된 동인은 조일 전쟁 이후 공식적으로 갈라섰다. 전란 중에 세자(광해군)와 함께 전공을 세우면서 세력을 쌓은 북인이 광해군의 즉위와 함께 득세했다. 그러다가 인조반정으로 북인이 재기 불능으로 몰락하고 서인 정권에서 남인만이 야당으로 남았다. 이후로는 서인과 남인이 정권을 번갈아 차지했다. 숙종 때는 남인과 서인이 여러 번 번갈아 정권을 차지했는데, 서인은 남인을 몰아내고 정권에 복귀한 경신환국을 계기로 노론과 소론으로 나뉘었다.

선조 이후 붕당의 이러한 분화와 정권의 교체 양상만 봐도 차별과 배제의 칼날이 경쟁 파당을 향하고 있는 것이지 특정 지역을 향하고 있지 않다는 것을 알 수 있다. 견제하고자 하는 파당의 본거지가 우연히 특정 지역이었을 뿐 단순히 그 지역이라서 차별한 증거는 없다.

## 박정희의 영호남 갈라치기 공작

박정희는 1967년 제6

대 대선에서 앞선 제5대 대선 때보다는 훨씬 수월하게 승리하여 재선에 성공한다. 이때의 선거전에서 야당인 민주당은 '호남 푸대접론'으로 정부 여당을 비판했다. 박정희 정부의 경제개발 5개년 계획이 성과를 내고는 있었지만, 기간산업이 영남에 편중된 데다가 농업 정책의 실패로 호남 농민이 최대의 피해자가 된 상황을 두고 제기한 비판이었다. 경부선은 주로 외국제 객차를 운행하는데 호남선 객차는 유독 낡은 국산을 배치하고 있다거나 울산공업지구 등 영남 일대를 구경하고 나니 마치 외국 시찰을 다녀온 느낌이었다는 말까지 나돌았다.

당시 박정희 대통령은 "호남 푸대접론은 정부와 국민을 이간시키는 행위"라며 거칠게 반박했다. 결국, 대선은 박정희 후보의 무난한 승리로 끝났다. 그전의 제5대 대선에서는 영호남 농민들의 몰표 덕분에 박정희 후보가 가까스로 당선되었는데, 제6대 대선에서는 호남을 비롯한 대개의 지역에서 박빙이거나 55대 45 정도로 차이가 근소했다. 하지만 영남 지역에서는 65대 35로 몰표 현상이 나타났다. 박정희 후보가 전체적으로 110만 표를 더 얻어 이겼는데 영남에서만 130만 표를 더 얻었으니, 영남에서 몰표가 나오지 않았으면 이길 수 없는 선거였다.

1971년, 박정희는 개헌을 강행하여 3선 금지 조항을 지우고 제7대 대통령 선거에도 출마했다. 이때 야당 후보로 김대중이 박정희와 맞섰다. 그전에 둘은 악연이 있다. 일찍이 김대중을 정치적 적수로 의식한 박정희는 1967년 총선에서 목포에 출마한 김대중을 낙선시키려고 목포를 수차례나 찾아 선심성 공약을 쏟아냈다.

이런 김대중을 대선에서 적수로 만난 박정희는 관권과 금력을 동원한 부정선거는 기본이고 김대중의 선거운동을 조직적으로 방해하는 한편 색깔론까지 동원해 김대중을 좌경 용공 인사로 몰아갔다. 당시 중앙정보부장이던 김형욱이 훗날 "만약 부정과 조직적 방해가 없었다면 김대중 씨는 한국 대통령에 당선되었을 것"이라고 증언할 정도였다. 김대중 본인과 그 주변 동교동 사람들이 투표한 수천 표가 무효표로 처리되기도 했다. 투표용지에 선관위원장의 도장이 잘못 찍혔다는 이유였다.

**박정희 후보 측은 이에 그치지 않고 "이번 선거를 백제·신라의 싸움이라고 해서 전라도 사람들이 똘똘 뭉쳤**

으니, 우리도 똘똘 뭉치자"고 지역감정을 부추기는 거짓 선동을 일삼았다. 영남 표를 단단히 지키고 전국의 반호남 세력을 결집하고자 지역감정을 정치적으로 조작하고 동원한 것이다.

게다가 박정희 정권은 급기야 지역감정을 부추겨 정치적 도구로 활용하기 시작했다. 앞 번 선거에서 본인이 '나라를 망칠 이간질', '19세기식 잔재'라고 맹비난했던 그 수법을 써먹은 것이다. 경상도 지역에는 "전라도 사람들이여 단결하라!"는 유인물이 뿌려지고, 김대중 후보의 벽보 밑에는 "호남 후보에게 몰표를 주자!"는 격문이 나붙었다. 김대중은 유세에서 자신의 이름으로 뿌려진 유인물을 꺼내 들고 "내 이름을 도용해 이런 유인물을 돌린 공화당 사람들은 천벌을 받을 것"이라고 외쳤다.

박정희 후보 측은 이에 그치지 않고 "이번 선거를 백제·신라의 싸움이라고 해서 전라도 사람들이 똘똘 뭉쳤으니, 우리도 똘똘 뭉치자"고 지역감정을 부추기는 거짓 선동을 일삼았다. 영남 표를 단단히 지키고 전국의 반호남 세력을 결집하고자 지역감정을 정치적으로 조작하고 동원한 것이다.

이렇듯 지역주의 씨를 뿌린 건 박정희 정권의 정치 공작이다. 영남대 김태일 교수의 지적대로 "지역주의는 영남지역의 선행적이고 공세적이며 권위주의적인 것으로부터 비롯되었다. 호남지역의 그것은 수세적이고 방어적이며 저항적이라고 할 수 있다."

1963년 대통령 선거 때까지도 계층, 이념, 지역 갈등은 큰 영향력이 없었다. 당시 전라도와 경상도 유권자는 박정희 후보에게, 중부지방 유권자는 윤보선 후보에게 더 많은 표를 주었다.

이때의 총선에서는 그래도 대선 때 보인 지역주의가 희미했다. 지역주의보다는 여촌야도 현상이 더 강했다. 여당은 촌, 야당은 도시에서 훨씬 많이 당선된 것이다. 영남이든 호남이든 막론하고 부산이나 대구, 광주, 전주 같은 대도시에서는 야당인 민주당 후보가, 군 단위의 촌이나 일부 소도시에서는 여당인 공화당 후보가 주로 당선되었다. 박정희 정권의 집요한 이간질에도 불구하고 이때만 해도 선거에서 아직 오늘날과 같은 영호남의 극단적인 지역주의는 없었다.

# 전두환과 5·18 그리고 깊어지는 지역주의

1980년 5·
18 민주화 운동 당시 전두환의 신군부는 시민군을 폭도로 몰
며 지역감정을 극단적으로 악화시켜 호남을 고립시켰다. 군
복을 벗고 제5공화국 대통령으로 취임한 전두환은 장·차관
을 비롯한 권력 핵심부의 요직 절반을 영남 출신으로 채울
만큼 영남패권주의를 강화했다. 그런데도 당시에는 대통령
을 체육관에서 통일주체국민회의 대의원이라는 거수기를 통
해 간접선거로 뽑고 국회의원 선거는 중선거구제여서 영호
남의 지역주의가 선거를 통해 표출될 환경이 아니었다.

**1980년 5·18 민주화운동 당시 전두환의 신군부는 시
민군을 폭도로 몰며 지역감정을 극단적으로 악화시켜
호남을 고립시켰다. 군복을 벗고 제5공화국 대통령으로
취임한 전두환은 장·차관을 비롯한 권력 핵심부의 요
직 절반을 영남 출신으로 채울 만큼 영남패권주의를 강
화했다.**

1987년 6·10 민주 항쟁을 계기로 개정된 헌법에 따라 대

통령 직선제와 국회의원 소선거구제가 시행되면서 정치적 지역주의가 적나라하게 표출될 환경이 마련되었다. 여기에다 일부 개신교 집단의 반공주의 색깔론 공세가 21세기 들어 거세지면서 이념 갈등까지 지역주의에 덧붙어 나타났다.

　더구나 1987년 대선을 앞두고 민주 세력을 지탱하던 양대 기둥인 김영삼과 김대중이 분열함으로써 이 두 사람의 출신지인 영남과 호남의 지역주의 대결 구도에 지역감정까지 보태져 정치적 지역주의는 돌이킬 수 없는 상황으로 굳어지고 말았다.

# 지역주의
# 타파를 위한
# 노무현의 길

◆

6·10 항쟁으로 쟁취한 민주화 이후 지역 갈등의 확장을 막고 지역감정을 해소하려는 노력도 없지 않았다. 여야 간에 정권 교체가 이뤄지면서 경제 편차와 인사 편중에 따른 호남 푸대접론은 어느 정도 잦아들었다.

감정적 지역주의 타파에 행동으로 나선 정치인은 1988년 국회 청문회 스타 노무현이었다. 김영삼은 변호사 노무현을 정치에 입문시킨, 노무현의 정치적 은사였다. 그런 김영삼이 3당 합당에 참여하자 노무현은 그와 결별하고 민주적 신념을 지키면서 지역주의 타파에 정치 인생을 바쳤다.

**노무현은 수천 명의 청중 앞에서 지역주의 타파를 소리 높여 외치며 지지를 호소했다.**

**"지역 대결의 정치가 이 나라를 망치고 있습니다. 지역 구도 때문에 영남 대통령이 호남에 가면 구 의원도 안 되고, 호남의 대통령은 이 부산에 오면 구 의원도 되지 않는 이런 정치가 되고 있습니다. 그래서 우리 정치가, 나라가 흔들리고 있습니다."**

2000년 4월, 새천년민주당 후보로 16대 총선에 나선 노무현은 굳이 재선이 유력한 현역 지역구 종로를 떠나 당선 가능성이 희박한 부산 북강서을에 출마했다. 합동 연설회에 나선 노무현은 수천 명의 청중 앞에서 지역주의 타파를 소리 높여 외치며 지지를 호소했다.

"지역 대결의 정치가 이 나라를 망치고 있습니다. 지역 구도 때문에 영남 대통령이 호남에 가면 구 의원도 안 되고, 호남의 대통령은 이 부산에 오면 구 의원도 되지 않는 이런 정치가 되고 있습니다. 그래서 우리 정치가, 나라가 흔들리고 있습니다. 영남과 호남의 반쪽 지도자가 아니라, 전 국민을 하나로 묶는 통합과 화합의 지도자가 되겠습니다."

선거 초반 앞서가던 노무현 후보는 상대 후보의 노골적인 지역감정 자극 선거전으로 인해 또 지고 말았다. 부산에서만

세 번째 낙선이었다. 이때부터 '바보 노무현' 이라는 별명을 얻은 그는 지역주의에 볼모로 잡힌 우리 정치의 '희망' 의 아이콘이 되었다. 그는 대통령이 되어서도 지역주의 타파를 위한 노력을 조금도 게을리하지 않았다.

달걀로 바위 치기만큼이나 무모해 보인 노무현의 이런 줄기찬 도전은 부산·경남의 지역주의에 작은 균열을 내기 시작했다. 이런 균열은 차츰 전국으로 영향을 미쳐 조금이나마 지역주의를 완화하는 놀라운 변화를 일으켰다.

'오월의 시인' 김준태는 시 〈반달〉에서 "북한에 반달이 비치면 더 밝듯 남한에도 반달이 비치면 정월 보름보다도 더 밝으니 이상하다. 오른발로 어둠을 밟아야만이 왼발에 기적이 생긴다. 왼발로 남한을 걸어야만 오른발에 북한이 밟힌다"고 노래한다. 남북 분단과 갈등에 대한 시적 해법이지만, 정곡을 찌르는 혜안이 빛난다. 여기서 남북한 대신 영호남을 바꿔 넣으면 그대로 영호남의 분열과 갈등을 푸는 해법이 된다. 남이든 북이든 영남이든 호남이든 서로를 채우는 반달로 뜨면, 서로를 걷는 왼발이 되고 오른발이 되면 마침내 우리는 하나다.

우리나라가 일제의 질곡에서 벗어나기까지는 숱한 독립지사들의 풍찬노숙에 찬 투쟁과 죽음도 불사한 불굴의 저항정신이 있었다. 그 가운데 저 하늘의 별로 찬란히 빛나는 두 시인이 있으니 〈광야〉의 시인 이육사와 〈십자가〉의 시인 윤동주다.

1904년생 이육사는 "한 발 재겨 디딜 곳조차 없는" 칼날 위에서 조국 해방전쟁에 헌신하다가 1943년 베이징 주재 일제 총영사관 감옥에서 순국하기까지 무려 17차례나 투옥되었다. 그가 "가난한 노래의 씨를 뿌린 여기", 남북으로 갈리고 동서로 나뉜 광야에 "언제쯤 백마 타고 온 초인이 목놓아 불러" 하나로 모을까?

1917년생 윤동주는 "육첩방 남의 나라"에서 비참한 조국의 현실을 애통해하면서 "쉽게 씌어지는 시"조차 부끄러워할 정도로 시대의 아픔을 온몸으로 앓았다. 1943년 적국에서 무장봉기를 모의하다가 붙잡혀 투옥된 그는 1945년 2월, 조국의 해방을 보지 못하고 적국의 감옥에서 순국했다. 예수가 그랬던 것처럼 "십자가가 허락된다면 모가지를 드리우고 꽃처럼 피어나는 피를 어두워가는 하늘 밑에 조용히 흘리겠다"며 조국 독립의 의지를 불태운 그는 뜨거운 혁명 시인이었다. 이런 육사와 동주 앞에 우리는 언제쯤 부끄럽지 않게 될까?

# 우리, 다시 사는 길

**초판 1쇄** 인쇄  2024년 10월 25일
**2쇄** 발행  2024년 11월 11일

**지은이**  김재록
**발행인**  이용길
**발행처**  책읽어주는사람

**총괄**  정윤상
**디자인**  이룸
**관리**  양성인
**홍보**  김선아

**출판등록번호**  제396-2012호
**등록일자**  2012. 01. 05
**등록된 곳**  경기도 고양시 일산동구 백석동1324 동문굿모닝타워2 519호
**대표 전화**  0505-627-9784
**팩스**  031-902-5236
**홈페이지**  www.moabooks.com
**이메일**  moabooks@hanmail.net
**ISBN**  979-11-989863-0-6  03340

책읽어주는사람은 독자 여러분의 다양한 원고를 기다리고 있습니다.
(보내실 곳 : moabooks@hanmail.net)